Glücklich und frei Leben - Transformiere hinderliche Glaubenssätze

Ein Buch mit vielen Impulsen und Übungen

Von Sandra Schmitt

AF151185

Glücklich und frei Leben

Glücklich und frei Leben – Transformiere hinderliche Glaubenssätze

Sandra Schmitt

Impressum

Bibliografische Information der Deutschen Nationalbibliothek:
Die Deutsche Nationalbibliothek verzeichnet diese Publikation in der
Deutschen Nationalbibliografie; detaillierte bibliografische Daten sind
im Internet über http://dnb.dnb.de abrufbar.

© 2023 Sandra Schmitt

Lektorat: Annett Kreil

Cover: Bild mit Stable Diffusion Online erstellt

Foto Autorin: Giulia Iannicelli

Herstellung und Verlag: BoD – Books on Demand, Norderstedt

ISBN: 978-3-7386-2362-8

Widmung

Dieses Buch widme ich meinen geliebten Kindern. Ihr seid wunderbar und einzigartig. Lasst euch niemals etwas Anderes erzählen.

Vorwort

Hallo, schön, dass du dich für mein Buch interessierst! :)

Ich freue mich darauf mit dir zusammen in dein Inneres und zu deinen tiefen Überzeugungen zu reisen.

Es kann eine sehr spannende Reise werden, je nachdem wie tief du eintauchst und dich selbst einbringst. Falls du jetzt denkst... was ich muss da was machen. Nein, musst du nicht. Du darfst, wenn du möchtest. Die Reise wird so intensiv, wie du dich darauf einlässt. Wie bei einer tatsächlichen Reise auch. Du kannst im Zug durch eine Landschaft fahren oder den Rucksack packen und querfeldein durch die Landschaft wandern. Beides ist in Ordnung, wird aber andere Erlebnisse bieten.

Ich persönlich finde die Reise zu uns selbst, die spannendste Reise, die wir unternehmen können. Denn mit Selbsterkenntnis, haben wir alles in der Hand, um unser Leben auszurichten. Wenn wir unser Leben ändern, ändern wir damit auch das Leben der anderen, denn alles ist miteinander verbunden.

Daher kannst du mit der Reise und der Arbeit an dir selbst die Welt ändern. Falls du jetzt denkst, ich spinne... o.k., dein gutes Recht. Ich bin davon überzeugt. Ich lade dich dazu ein, es einfach zu probieren.

Was du dazu brauchst, ist eine gewisse Offenheit, etwas Zeit und die Bereitschaft dich einzulassen. Auf das Buch und auf dich selbst. selbst zu schauen. Und dann fahr los, zur vermutlich spannendsten Reise, die du bisher unternommen hast. Unser Inneres ist wahnsinnig vielfältig und es lohnt sich, es zu entdecken.

Wenn du Fragen, Anmerkungen, Unterstützungsbedarf hast, melde dich gerne bei mir

Alles Liebe und eine wunderschöne, inspirierende und erkenntnisreiche Reise

INHALTSVERZEICHNIS

EINLEITUNG

Zu Beginn erläutere ich einige Begriff und stelle Zusammenhänge, bzw. Entwicklungen des Menschen dar. Diese sind für das Verständnis der folgenden Inhalte wichtig.

Wenn dir dies schon bekannt ist, kannst du gerne querlesen oder überspringen.

KAPITEL 1: DIE PSYCHE

1.1 Definition

Psyche, ein Begriff, den man immer wieder hört, aber was steckt eigentlich dahinter?

Das Wort Psyche kommt aus dem Griechischen und bedeutet wörtlich übersetzt Seele. Auch dieses Wort ist nicht fassbar, daher schauen wir genauer hin, was sich hinter diesen Worten konkret verbirgt.

Die antiken Philosophen verstanden darunter Leben, Lebenskraft, Seele, Geist, Gemüt.[1]

Wikipedia erläutert die Psyche als alle geistigen Eigenschaften und Persönlichkeitsmerkmale eines Menschen.[2]

---

[1] (https://www.wortbedeutung.info/Psyche/)

[2] (https://de.wikipedia.org/wiki/Psyche)

Was gehört nun genau dazu? Fühlen, Denken, Lernfähigkeit, Emotionen, Wahrnehmung, Gefühle, Empathie, Wissen, Intuition, Motivation.

Körper (Physis) und Geist (Psyche) sind keine zwei voneinander getrennten Systeme, die unabhängig voneinander „funktionieren". Sie stehen miteinander in Wechselwirkung, vgl. die Psychosomatik (Zusammenhang zwischen körperlichen Beschwerden und der Psyche).

Diese kurzen Erläuterungen verdeutlichen, dass in dem kurzen Wort ziemlich viel enthalten ist.

Für die weiteren Ausführungen nutze ich folgendes Verständnis: Die Psyche ist der innere Kern jedes Lebewesens, der zunächst einmal nicht greifbar ist. Sie beeinflusst das Erlebnis- und Gefühlsleben und ist die Grundlage für Wahrnehmung, Reaktionen und Erlebnisse.

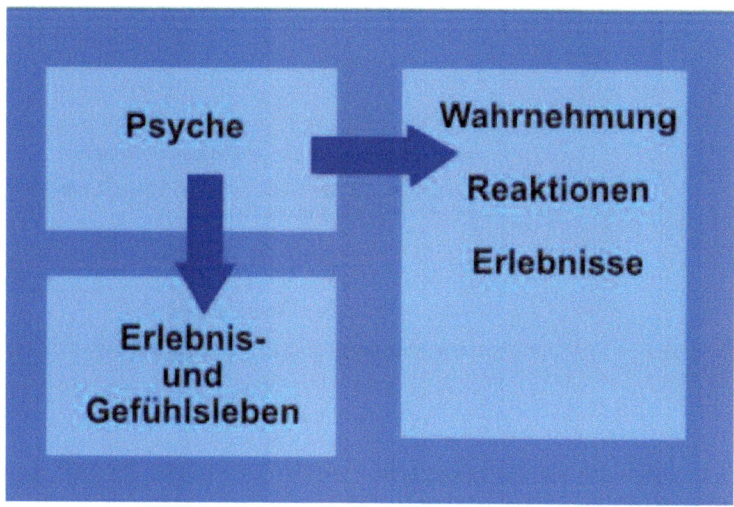

1.2 Aufbau der Psyche

Mit dem Aufbau der Psyche haben sich viele Personen beschäftigt. Am bekanntesten ist wohl Sigmund Freud, auf ihm beruht das Drei-Phasen-Modell. Es beschäftigt sich mit der Entwicklung des Kindes, bei dem sich im Laufe der Zeit verschiedene Instanzen entwickeln.

<u>Schema des Strukturmodells der Psyche:</u>

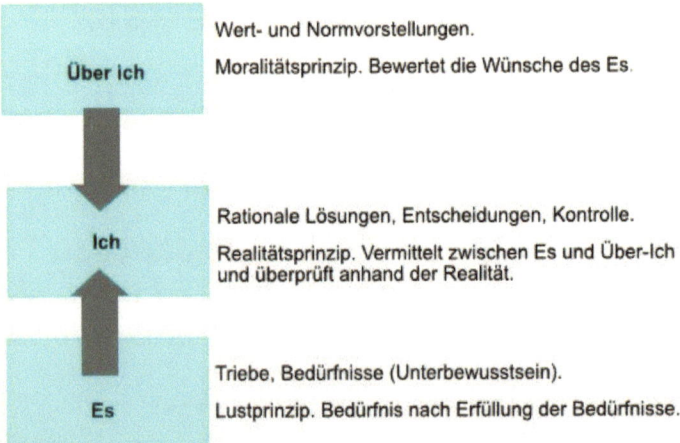

Ich gehe kurz auf die wesentlichen Punkte des Modells ein. Wer sich tiefer damit beschäftigen möchte findet im Anhang Literaturhinweise.

Das Modell von Sigmund Freud hat als Instanzen das Es, das Ich und das Über-Ich (und in einer Sonderrolle das Bewusstsein).

Das Es ist eine unbewusste Struktur, in welcher sich die Grundtriebe wiederfinden. Das Es will seine Bedürfnisse befriedigen, ohne Wenn und

Aber, und zwar sofort. Der Antrieb ist das Lustprinzip. Das entscheidende ist, dass diese Vorgänge unbewusst ablaufen.
Zeitlich betrachtet entsteht das Es zuerst und ist schon bei der Geburt vorhanden. Ein Baby ist davon abhängig, dass seine Bedürfnisse direkt erfüllt werden, davon hängt das Überleben ab. So sind dieser Instanz die oralen Bereiche (essen) und das Hautgefühl (trocken, warm, Berührung) verbunden.

Die Art wie und ob diese Bedürfnisse befriedigt werden, haben große Auswirkungen auf unsere zukünftigen Bedürfnisse und Gefühle und somit auf unser Unterbewusstsein.

Im Laufe der Zeit (beginnend nach den ersten Lebensmonaten) entwickelt das Kind die Wahrnehmung für andere Personen und kann diese von sich selbst unterscheiden. Es bekommt eine Art erstes Bewusstsein für sich selbst.

Mit dieser Entwicklung entsteht die zweite Instanz - das Ich - und damit das Bewusstsein und Gefühle über die eigene Person. Dies bestimmt den Sozialcharakter und Vorstellungen von uns selbst (was wir uns selbst zutrauen, wer wir sind und wovor wir Angst haben).
Da dieses Lernen durch Reaktionen von „außen" passiert, ist das Gelernte auch nicht bewusst, sondern unbewusst.

Die Aufgabe des Ichs ist es zwischen den Ansprüchen des Es, des Über-Ichs und der sozialen Umwelt zu „vermitteln". Bei einem reifen und psychisch gesunden Menschen tritt mit dieser Entwicklung, das Realitätsprinzip an die Stelle des Lustprinzips.

Das heißt, das Kind berücksichtigt auch die Bedürfnisse anderer. Es kann einschätzen ob der Wunsch umsetzbar ist oder nicht und hat gelernt zu warten. Außerdem kann es bewerten, wie die moralische Sicht auf den Wunsch ist.

Die dritte Instanz ist das Über-Ich, die Verbots- und Gebotsinstanz. Hier finden sich soziale Normen, Moral, Gehorsam. Das sogenannte „Gewissen".

Zu der Zeit, in der sich das Über-Ich bildet, ist der Mensch dazu in der Lage sich sozialgerecht zu benehmen und die Triebe eigenständig zu kontrollieren. Auch diese Bereiche sind unbewusst, da sie durch Lernen über das „Außen" entstehen. Unsere Beziehungen haben großen Einfluss auf unsere eigene Entwicklung.

Eine weitere Instanz, die nicht in allen Modellen enthalten ist, ist das Bewusstsein. Diese Instanz ist nach Freud an der Grenze zwischen Außenwelt und Psyche und bildet quasi eine umfassende Schicht um alle anderen Instanzen. Die höheren kognitiven Funktionen

Auf die Arbeit von Freud geht das sogenannte Eisberg-Modell zurück. Dieses Modell besagt, dass die menschliche Psyche mit einem Eisberg vergleichbar ist.

Bei einem Eisberg ist nur der kleinste Teil zu sehen, der über Wasser ist. Den größten Teil (ca. 7/8) unter Wasser kann man nicht sehen. So ist auch das Verhältnis zwischen den Dingen, die uns bewusst sind zu denen, die uns nicht bewusst sind. Dieses Modell ist heute Grundlage für die Arbeit in vielen Bereichen der angewandten Psychologie.

---

[3] Foto: (https://pixabay.com/de/illustrations/eisberg-wasser-blau-ozean-eis-1421411/, 2023)

Weiter auf die Theorie oder Forschung in Bezug auf die Psyche möchte ich hier nicht näher eingehen. Viele Personen haben sich damit beschäftigt und im Anhang finden sich einige Literaturtipps für diejenigen, die tiefer einsteigen möchten.

Ich beschränke mich auf die „praktischen Aspekte" und wie wir die Erkenntnisse für uns nutzen können. Die bisherigen Punkte sollen das Verständnis für die Funktionsweise schaffen.

1.2 Zusammenfassung

Die Psyche ist der innere Kern eines Lebewesens, der Einfluss auf unsere Erlebnisse und Gefühle hat und unsere Wahrnehmung beeinflusst. Sie besteht aus bewussten und unbewussten Anteilen, die sich im Laufe unseres Lebens entwickeln und von unserer Umwelt beeinflusst sind. Die unbewussten Anteile machen einen viel größeren Bereich der Psyche aus.

---

[4] Foto: (https://pixabay.com/de/photos/psychologie-psyche-maske-2706902/, 2023)

1.4 Unterbewusstsein – Bewusstsein

1.4.1 Bewusstsein

Unser Bewusstsein umfasst die Inhalte, denen wir uns bewusst sind. Dies umfasst unsere alltäglichen Wahrnehmungen, Gedanken, Einstellungen, die wir bewusst vertreten. Der wichtigste Aspekt hierbei ist das analytische Denken. Wir nutzen unseren Geist, wie z.B. beim Finden einer Lösung, oder bei einer Entscheidung für oder gegen etwas.

1.4.2 Unterbewusstsein

Das Unterbewusstsein können wir uns wie eine große Speicherplatte vorstellen. Auf dieser Platte sind alle unsere Erlebnisse und Erinnerungen gespeichert. Auch Gefühle, Wünsche, Hoffnungen, Motive, Glaubenssätze sind hier „abgelegt". Wie schon mit dem Modell des Eisbergs gezeigt ist das Unterbewusstsein um ein Vielfaches größer als das Bewusstsein. Und es ist sehr mächtig, denn es hat großen Einfluss.

Viele unserer Prozesse laufen unbewusst ab und einige davon sind überlebenswichtig. So werden z.B. Herzschlag und Atmung unbewusst gesteuert. Doch neben vielen, auch heute noch überlebenswichtigen Funktionen, sind auch alle unsere Lebenserfahrungen im Unterbewusstsein gespeichert und steuern teilweise noch heute unser Verhalten.

Aus diesen Lebenserfahrungen sind zum damaligen Zeitpunkt bestimmte Verhaltensweisen entstanden. Diese Verhaltensweisen waren zum damaligen Zeitpunkt sinnvoll, da überlebenswichtig. Doch was einem Kind das Überleben sichert, ist für einen Erwachsenen nicht immer noch dienlich.

Daher macht es Sinn hinzuschauen, was die Ursachen für bestimmte „unbewusste Reaktionen" sind.

Um ein Beispiel zu nennen: Für ein Kind ist es wichtig eine sichere Umgebung zu haben, in der die Grundbedürfnisse erfüllt werden. Davon hängt schließlich das Überleben des Kindes ab. Ohne Nahrung und eine sichere Unterkunft hat es keine Überlebenschancen. Daher wird das Kind sich – üblicherweise auch an nicht förderliche Umgebungen – anpassen. Damals machte dieses Verhalten so betrachtet absolut Sinn.

Doch als erwachsene Person kann es hinderlich sein, wenn man sich ständig (unbewusst) anpasst und sich dessen auch nicht bewusst ist.

1.4.3 Wie reagiert das Unterbewusstsein?

Das Unterbewusstsein agiert grundsätzlich in drei Handlungsalternativen. Angriff, Flucht oder Erstarren. Es analysiert nicht tiefergehend, sondern reagiert. Es funktioniert logisch anhand der Reize, die es aufnimmt. Das schnelle Handeln anhand von Reizen diente einst der Sicherung des Überlebens, war also eine sinnvolle Lösung. Weitere Erläuterungen hierzu folgen im Kapitel zu den Gehirnen.

Bei körperlichen Vorgängen, wie z.B. dem Atmen, ist das auch heute noch sinnvoll, aber in anderen Lebensbereichen kann es auch hinderlich sein. Betrachten wir z.B. Glaubenssätze oder Angst. Diese Punkte haben einen wichtigen Einfluss auf Entscheidungen, die wir treffen. Daher wäre es gut, nicht einfach anhand von Reizen zu reagieren, denn diese Punkte haben einen sehr wichtigen Einfluss auf unsere Entscheidungen.

1.4.4 Überbewusstsein

Der Vollständigkeit möchte ich diesen Begriff noch aufnehmen, auch wenn ich erst ganz am Ende des Buches nochmals auf die Möglichkeiten eingehen möchte, die sich aus der Arbeit mit dem Überbewusstsein ergeben können.
Das Überbewusstsein ist das „Feld des Wissens", in dem jedes Wissen vorhanden ist. Gedanken sind Energie, Wissen sind ebenfalls Gedanken und damit geht kein Wissen verloren. Falls das jetzt etwas „unheimlich" klingt, ich mache es an einem Beispiel etwas deutlicher. Wir alle haben Intuition, die Intuition greift auf das Überbewusste zu und weiß Dinge einfach, ohne dass wir eine Erklärung hierfür haben.

So haben wir vermutlich alle schon mal intensiv oder immer wieder an jemanden gedacht und genau diese Person hat sich dann bei einem gemeldet. Intuition ist in jedem vorhanden und jeder kann dies weiterentwickeln. Dazu ein kleiner Exkurs am Ende des Buches.

1.5 Fazit

Unterbewusstsein wirkt auf unser bewusstes Handeln. Alle unsere Erfahrungen und Erinnerungen haben Einfluss auf unser bewusstes Handeln, daher können wir viele Erkenntnisse über uns selbst erhalten, wenn wir genauer hinzuschauen. So können wir herausfinden, was die „Antreiber" für unser Handeln sind. Hier kommen auch unsere Glaubenssätze zum Tragen, die wir tief in unserem Unterbewusstsein gespeichert haben.

Kapitel 2: Grundbedürfnisse des Menschen und Konsequenzen für die Psyche

Auch in diesem Kapitel geht es um Hintergrundwissen, um später die Zusammenhänge besser zu verstehen.

2.1   Grundbedürfnisse des Menschen

Grundbedürfnisse sind Bedürfnisse, die für den Menschen grundlegend sind. Sie müssen befriedigt/erfüllt werden. Normalerweise sind sie hierarchisch aufgebaut. Ich möchte mich bei meinen Ausführungen auf die Psychologie und die subjektive Zufriedenheit von Personen beschränken.

Ein sehr bekanntes Modell ist die Bedürfnispyramide von Maslow[5]. Die Bedürfnisse sind hierarchisch aufgebaut – von unten nach oben – wobei die Grundbedürfnisse im unteren Bereich angeordnet sind. Ich nutze das

von Maslow selbst überarbeitete und erweiterte Konzept. Ich wandle die Darstellung der Pyramide dabei ab.

Die aufgeführten Bedürfnisse bauen aufeinander auf und das nächsthöhere Bedürfnis kommt zum Vorschein, wenn das darunterliegende erfüllt wurde.

---

[5]

(https://de.wikipedia.org/wiki/Maslowsche_Bed%C3%BCrfnishi erarchie, 2023)

Existenzbedürfnisse sind biologische Grundbedürfnisse, die der Körper zum Überleben benötigt. Atmung (Luft), Wärme, Trinken, Essen, Schlaf

Bei der Sicherheit handelt es sich körperliche, materielle und seelische Sicherheit

Als Menschen haben wir soziale Bedürfnisse, hier geht es um soziale Beziehungen in verschiedenen Lebensbereichen, das Zugehörigkeitsgefühl und um Kommunikation

Individualbedürfnisse sind u.a. Vertrauen, Wertschätzung, Erfolg, Freiheit, Unabhängigkeit

Wenn diese Stufe erreicht wurde, möchte der Mensch seine Potentiale und seine Kreativität entfalten und sich weiterentwickeln und sein Leben mit Sinn erfüllen. Hieraus ergeben sich die nächsten Stufen, die dann bei der Erfüllung in der Selbstverwirklichung münden.

Die Selbstverwirklichung steht dafür das eigene Potential auszuschöpfen, das zu leben was einem individuell möglich ist.

Die Stufe der Transzendenz steht für etwas, das außerhalb der Sinneswahrnehmung steht. Menschen sind wertorientiert und dadurch motiviert. Darüber hinaus geht es auch um Erfahrungen in und mit der Natur und mit spirituellen Themen, Dienst für andere.

Maslows Theorie ist Kritik ausgesetzt, die vielleicht auch gerechtfertigt ist. Mir geht es um ein grundsätzliches Verständnis, wofür diese Darstellung meiner Meinung nach gut geeignet ist.

Daneben gibt es noch weitere Theorien, auf die ich hier nicht näher eingehen möchte. Im Anhang sind Literaturhinweise für einen tieferen Einstieg in das Thema.

2.2.   Gehirne

Was wäre der Mensch ohne sein Gehirn? Nichts, denn das Gehirn, das durchschnittlich 1,5kg des Körpergewichts eines Menschen ausmacht, steuert alle Körperfunktionen. Es macht Denken und Erinnern erst möglich und ist für das emotionale Erleben verantwortlich.

Wenn man diese zentrale Rolle betrachtet, ist es sehr gut verständlich, dass das Gehirn so gut geschützt ist und das Wort „Dickschädel" bekommt eine ganz neue Bedeutung.

Aufbau des Gehirns:

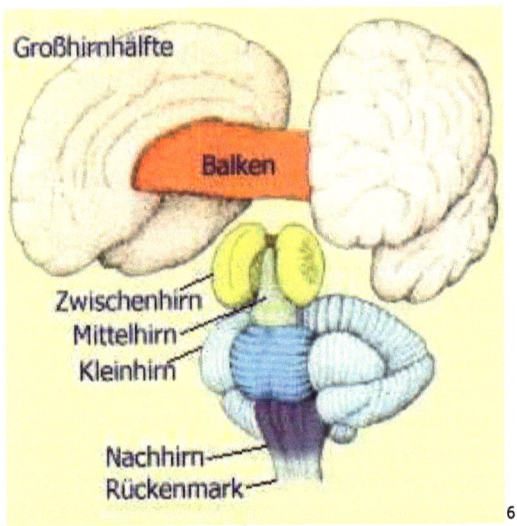

Grundsätzlich besteht das Gehirn aus zwei Hälften, die mit einem Balken verbunden sind. Unterteilt wird das Gehirn in

Großhirn

Ca. 80% der Hirnmasse, auch als graue Substanz/Cortex bezeichnet. Hier liegen die sensorischen (Reizwahrnehmung) und motorischen (Steuerung der Bewegung) Bereiche und die Gedankenfelder (Denken und erinnern)

Kleinhirn

Ca. 1/10 der Masse des Gehirns. Zuständig für das Gleichgewicht und den Spracherwerb und die Speicherung bestimmter Bewegungsabläufe.

---

[6] (http://www.netschool.de/ler/delese1.htm, 2023)

Zwischenhirn

Hier werden vorwiegend vegetative Aufgaben erfüllt, somit auch der Biorhythmus gesteuert. Dieses Hirnareal ist in ständiger Zusammenarbeit mit dem Großhirn. Er nimmt alle Informationen aus der Umgebung auf. Bevor diese an das Großhirn gehen, müssen diese gefiltert werden, um das Großhirn nicht zu überlasten.

Hirnstamm

Dies ist der älteste Teil des Gehirns, der folgende Bereiche umfasst.

Mittelhirn (überträgt Daten zwischen Rückenmark und Großhirn), koordiniert die Augenbewegung).

Nachhirn (Steuerung lebenswichtiger Prozesse, wie z.B. Herzschlag, Stoffwechsel, Atmung, Husten).

Brücke und verlängertes Rückenmark.

Im Detail möchte ich auf das dargestellte Modell des Dreifachhirns von Paul D. MacLean eingehen, um die Funktionsweise von Glaubenssätzen näher zu beleuchten. Er geht von einer hierarchischen Organisation des menschlichen Gehirns aus.

7

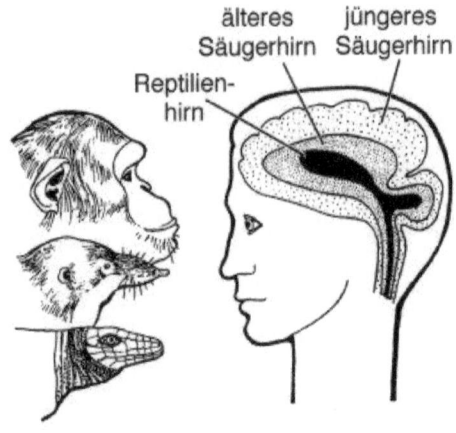

Der Mensch hat drei Gehirne, die miteinander verbunden sind. Diese drei Gehirne unterscheiden sich in Struktur und Neurochemie und sie stammen aus unterschiedlichen Epochen der evolutionären Vergangenheit. Die älteren Gehirne beeinflussen die jüngeren.

Ausgangspunkt dabei ist das „Reptiliengehirn" mit der Lage im Hirnstamm. Es ist das älteste Gehirn, dessen Entwicklung bereits in der

---

7   (https://www.spektrum.de/lexikon/neurowissenschaft/dreieiniges-gehirn/3014, 2023)

Gebärmutter beginnt. Es bewirkt all das, was Neugeborene benötigen (Atmung, Essen, Schlafen/Wachen, Weinen, Ausscheidungen).

Der Organismus strebt nach Gleichgewicht und das Reptiliengehirn steuert diese grundlegenden Funktionen.

Diese grundlegenden Funktionen haben vielfältige Auswirkungen auf unsere Psyche.

Das Emotionale Gehirn (limbisches System) ist direkt über dem Reptiliengehirn. Es entwickelt sich ab dem Zeitpunkt der Geburt und entwickelt sich unter Einbeziehung der Umwelt, also durch Erfahrungen.

Hier ist der Sitz unserer Emotionen und unseres Warnsystems. Intensive Gefühle wirken auf das limbische System und bewirken so die klassische Stressreaktion (Stresshormone mit deren Wirkung) und zwar unabhängig von der Bewertung durch unseren Verstand. D.h. der Verstand kann zwar lernen mit den Emotionen umzugehen, die den Stress hervorrufen, der Körper wird aber dennoch immer sein „Warnsystem" anlaufen lassen.

Reptiliengehirn und Emotionales Gehirn zusammen speichern Erlebnisse ab und wirken auf unseren Körper und unsere Identifikation

Das rationale Gehirn (Neokortex) ist der jüngste Teil des Gehirns und macht ca. 30% des Gesamtvolumens aus. Hier wird unsere Außenwelt organisiert. Hier sitzen die Grundlagen für Planen, Erkennen von Zeit und Zusammenhang, Empathie, Regelung von Impulsen und Bewertung angemessenes/unangemessenes Verhalten.

2.2 Konsequenzen für die Psyche

Da der Mensch bei seiner Geburt noch nicht allein lebensfähig ist, ist er auf seine Umgebung angewiesen.

Die Grundbedürfnisse können nur durch die Umgebung erfüllt werden, daher ist der Mensch darauf angewiesen gut beobachten zu können, abschätzen zu können, ob die Umgebung sicher oder gefährlich ist.

Noch dazu kann sich der Mensch nur weiterentwickeln, wenn die Grundbedürfnisse erfüllt werden.

Dies spielt eine wichtige Rolle bei der Entstehung von Glaubenssätzen. Auch die Entwicklung des Gehirns spielt hierbei eine wichtige Rolle. Denn das „Abrufen" von Programmen hat früher einen sehr guten Sinn erfüllt. Wenn der Säbelzahltiger vor einem stand, oder eine andere Gefahr drohte musste man sehr schnell reagieren, um zu überleben. Es war nicht genügend Zeit, um alle möglichen Optionen in Gedanken durchzuspielen, sonst wäre man schon Tod gewesen, bevor man diese Gedanken beendet hätte.

Der Mechanismus wirkt aber auch heute noch, sobald man anhand des Unterbewussten reagiert. Und heute ist das nicht mehr in allen Bereichen notwendig, um zu überleben.

Die Mechanismen betrachten wir im nächsten Kapitel genauer.

KAPITEL 3: GLAUBENSSÄTZE

3.1 Was sind Glaubenssätze

Glaubenssätze sind innere Überzeugungen, die für uns grundlegend und wahr sind. Diese werden nicht hinterfragt, da sie im Unterbewusstsein gespeichert sind und nicht in unser Bewusstsein gelangen, wenn wir nicht aktiv daran arbeiten.

Das können Gedanken sein, die wir haben, oder Einstellungen.

Glaubenssätze können positiv oder negativ sein und anhand derer konstruieren wir unsere Wirklichkeit. D.h. wir nehmen so wahr, dass es zu unseren Glaubenssätzen passt. Wir nehmen bestimmte Dinge nicht in Angriff, weil tiefsitzende Glaubenssätze uns davon abhalten.

Normalerweise fallen sie uns nur auf, wenn wir immer wieder gleiche Runden drehen und anfangen uns zu fragen, woran das liegt. Oder wenn wir jemanden treffen, der Dinge komplett anders sieht. Wenn wir dann offen sind, haben wir die Chance tiefer einzutauchen.

3.2 Erklärung der Entstehung von Glaubenssätzen

Viele unserer Glaubenssätze entstehen in unserer Kindheit. Wir übernehmen diese von unseren Eltern, anderen Verwandten, Freunden oder anderen Personen, mit denen wir viel Zeit verbringen und die uns wichtig sind. Auch Medien spielen hierbei eine Rolle. Mit Medien meine ich Bücher, Geschichten oder auch das Fernsehen. Als Kind können wir nicht beurteilen, ob das was wir erleben richtig oder falsch ist. Wir orientieren uns an unserer Umgebung. Und da wir auf diese angewiesen sind, passen wir uns automatisch an.

Diesen Vorgang nennt man in der Psychologie Konditionierung, Iwan Pawlow hat dazu geforscht. Er hatte ein Experiment an Hunden durchgeführt, um zu prüfen, ob ein neutraler Reiz im Organismus mit einem Stimulus verknüpft werden kann. Diesen Vorgang nennt man

Konditionierung. Er konnte seine Hypothese belegen. Details zum Experiment finden sich auf folgender Internetseite[8].

Kinder sind auf Ihre Umgebung angewiesen. Unsere Eltern wissen erstmal alles und sind allmächtig. Daher müssen sie wissen was richtig oder falsch ist und wir übernehmen das für uns. Im Laufe des Lebens integrieren wir dies in uns selbst. Die Annahmen sind auf unserer inneren Festplatte, dem Unterbewusstsein gespeichert und wir leben nach diesen Grundsätzen. Da uns diese nicht bewusst sind, können wir sie auch im Verstand nicht hinterfragen. Dennoch leben wir danach. Ganz nach dem Schema Reiz – Reaktion, wie beschrieben.

Auch wir selbst machen bestimmte Erfahrungen in unserem Leben, daraus bilden wir eigene Glaubenssätze. Wenn du z.B. in deinem ersten Referat einen kompletten Black-Out hast, kann daraus eine große Angst vor weiteren Referaten und der Glaubenssatz „mir wird dies bei Referaten immer passieren", entstehen.

Wenn du z.B. eine Prüfung mit Bravour bestehst, obwohl du vorher das Gefühl hattest, du bist nicht ideal vorbereitet, kann der Glaubenssatz „Prüfungen liegen mir und ich werde diese immer gut bewältigen können" entstehen.

Man sieht hieran, Glaubenssätze können sowohl positiv wie auch negativ sein. Was diese beiden gemeinsam haben, ist, dass wir sie unser Leben lang mit uns haben können. Bei positiven Glaubenssätzen ist das positiv, bei negativen eher hinderlich, da sie uns in Grenzen halten, die wir uns selbst setzen.

Da wir in der Regel das als Ergebnis erhalten, was wir erwarten, werden wir diese Erfahrungen wiederholen und so bekommen wir fest verankerte Glaubenssätze, die letztlich unsere Wirklichkeit formen.

Dieses Phänomen kennen wir aus dem Prinzip der sich selbst erfüllenden Prophezeiung. Diese besagt, unsere Erwartung an den Ausgang eines Ereignisses, haben einen entscheidenden Einfluss auf

---

[8] (https://de.wikipedia.org/wiki/Pawlowscher_Hund, 2023)

das Ergebnis. Da wir (unbewusst) so agieren, dass unsere Erwartung erfüllt wird. Dieses Muster greift sowohl bei der Annahme eines positiven Ausgangs wie auch bei einem negativen Ergebnis[9]. Letztlich bekommen wir so das Ergebnis, das wir erwartet haben, was wiederum verstärkend wirkt.

Dann greift wieder die sich selbst erfüllende Prophezeiung und das Gesetz der Anziehung[10] greift, bekommen wir immer mehr von dem, was wir glauben (i.d.R. sind ja auch Gefühle mit dem Erleben verknüpft, was dies wiederrum verstärkt) und so können wir in einer Aufwärts- oder Abwärtsspirale landen. Energie folgt dem Fokus, auf den wir uns ausrichten, also werden wir mehr von dem Finden, was wir suchen.

Ich persönlich nehme gerne die Aufwärtsspirale :) und du?

Wollen wir uns ein paar Beispiele für Glaubenssätze näher anschauen...

Negative Glaubenssätze	Positive Glaubenssätze
Alles hat seinen Preis	Das Leben beschenkt mich
Geld wächst nicht auf Bäumen	Geld verdienen ist leicht und macht Spaß
Ich habe immer Pech	Ich bin ein Glückspilz
Ich bin zu alt dafür	Man ist nie zu alt
Erst die Arbeit, dann das Vergnügen	Für Vergnügen ist immer Zeit

---

9

(https://de.wikipedia.org/wiki/Selbsterf%C3%BCllende_Prophez eiung, 2023)

10 (https://de.wikipedia.org/wiki/Gesetz_der_Anziehung, 2023)

Was sind deine persönlichen Glaubenssätze?

Nimm dir ein paar Minuten Zeit und ein Stück Papier und notiere sie dir. Leg den Zettel gerne bei Seite und nimm ihn mit etwas Abstand wieder zur Hand, vielleicht fallen dir noch ein paar Sätze auf. Wenn du das Workbook hast, findest du hier natürlich eine passende Übung.

Was hat das jetzt alles mit dem Unterbewusstsein zu tun?

Das Unterbewusstsein steuert unsere „Automatismen", so können wir z.B. eine Strecke, die wir täglich im Auto bewältigen irgendwann wie im Autopilot absolvieren. Manchmal stellt man erst am Ende der Strecke fest, dass man ganz automatisch den Weg gefunden hat.

So ist das auch mit anderen Automatismen, Gedanken, die wir stetig wiederholen, werden zu einer Datei auf der Festplatte Unterbewusstsein welche automatisch abgerufen wird, wenn der Reiz auftritt (denke an das Beispiel von Pawlow). Das ist an für sich eine clevere Strategie des Menschen, denn so können mehrere Dinge parallel ablaufen, ohne dass wir überfordert sind.

Bei negativen Glaubenssätzen bremsen wir uns aber selbst aus. Man kann sich das wie bei einem Getriebe vorstellen, hier greifen sehr viele Mechanismen ineinander, die Steuerung übernimmt dann das Unterbewusstsein.

Was wir sehen sind die Wirkungen unserer Glaubenssätze, aber noch lange nicht den Glaubenssatz, der dahintersteckt.

Hat dich schon einmal etwas richtig getriggert? Wenn ja, könnte das ein Hinweis auf einen Glaubenssatz sein.

<u>Glaubenssätze nach Bereichen:</u>

Glaubenssätze gibt es in jedem Lebensbereich. Machen wir nochmal eine Übung. Notiere dir folgende Lebensbereiche und überlege dir, ob du Glaubenssätze in diesen Bereichen hast. Wenn du das Arbeitsbuch nutzt, findest du eine passende Übung darin.

- Gesundheit
- Dein Körper
- Beziehungen
- Erfolg
- Freizeit
- Beruf
- Geld
- Ergänze gerne, wenn dir weitere Bereiche einfallen

Glaubenssätze nach Ursachen:

Eine andere Art Glaubenssätze zu unterteilen sind die ihre Ursachen, bzw. Herkunft.

- Glaubenssätze, die wir durch die Gesellschaft, in der wir leben, entstanden sind.

  z.b. Geld macht nicht glücklich, Wer rastet, der rostet und andere „übliche" Sprichwörter oder sogenannte Weisheiten.

  Das typische an diesen Sätzen ist, dass man sie immer wieder hört und sie von verschiedensten Personen genutzt werden.

  Der Einfluss auf das eigene Leben ist recht gering und hat Einfluss auf bestimmte Lebensbereiche, oder bestimmte Lebensabschnitte.

- Glaubenssätze, die durch Familie, oder wichtige persönliche Gruppen weitergegeben werden. Die Glaubenssätze wirken auf uns, weil wir in diese Gruppen involviert sind.

  z. B. das funktioniert bei uns nicht. Männer sind die besseren Autofahrer, Geld verdienen ist schwer, Frauen sind nur auf das Geld der Männer aus.

- Noch tiefer sitzenden Glaubenssätze sind diejenigen die wir anhand persönlicher Erfahrung in der Kindheit verinnerlicht haben. Diese Glaubenssätze steuern unsere Reaktionen, solange wir uns diese nicht bewusst gemacht haben. Wie funktioniert das? Das kann man sich entsprechend der Gewohnheiten, wie z.B. beim Autofahren einer immer gleichen Strecke vorstellen. Wir wissen, dass wir in die Arbeit, /Schule fahren und müssen nicht mehr bewusst entscheiden wann wir wohin abbiegen, sondern das „Programm Weg zur Arbeit/Schule" wird automatisch abgespult. Die Gründe dafür wurden im Kapitel (Gehirne) näher erläutert.

z.b. im Leben muss man sich alles erkämpfen, Geld verdienen ist schwer, ich schaffe das nicht

- Die am tiefsten sitzenden Glaubenssätze sind diejenigen, die mit unserer Identität verbunden sind. Erkennen kann man diese Glaubenssätze meist am Beginn.... der ist „Ich bin..."

z.B. Ich bin nicht liebenswert, ich bin nicht gut genug

Nimm dir doch deine Liste der Glaubenssätze, die du in der letzten Übung erstellt hast und ordne sie anhand dieser Kriterien neu.

Auch Glaubenssätze folgen bestimmten Mechanismen. Sie gleichen sich untereinander ab. Sie können sich gegenseitig erläutern, verstärken oder auch zu einem gemeinsamen Bündel ergänzen. So sammeln wir immer wieder die Erfahrungen, die zu unseren Glaubenssätzen passen. Das heißt letztlich, solange wir nicht bewusst etwas ändern, werden wir uns nicht entwickeln, bzw. verändern.

Kapitel 4: Auswirkungen von Glaubenssätzen auf unser Leben

Glaubenssätze sind unser innerer Motor, sie sind das Programm nach dem wir „funktionieren". Es heißt unserem Glauben nach wird uns geschehen, und daran ist ein großes Stück Wahrheit. Wir beurteilen Situationen nach unseren Glaubenssätzen, wir wählen Alternativen, die zur Verfügung stehen, anhand unserer Glaubenssätze. Und damit bekommen wir genau das Ergebnis, das wir erwartet haben, was wiederum unsere Glaubenssätze bestärkt. Ein Kreislauf, der endlos weitergeht, wenn wir ihn nicht bewusst auflösen.

Das heißt, was wir wahrnehmen ist keine objektive Realität, die für jeden gleich ist.

Jeder hat seine persönliche Realität, die durch die Brille der bisherigen Erfahrungen wahrgenommen und bewertet wird.

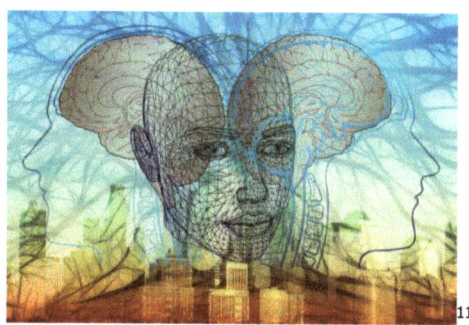

[11]

Die menschliche Wahrnehmung unterliegt dabei einigen typischen Fehlern.

Typische Wahrnehmungsfehler sind:

- Erwartungsfehler: Wir erwarten das, was wir glauben.

- Situationsfehler: Wenn wir Situationen erleben, vergleichen wir diese mit ähnlichen, bereits erlebten Situationen.

- Rollenfehler: Rollen sind oft durch bestimmte Merkmale gekennzeichnet. Z.B. ein Arzt ist verantwortungsbewusst. Diese Eigenschaft übertragen wir dann häufig auf einzelne Personen, welche die Rolle ausüben.

- Hierarchieeffekt: entsprechend dem Rollenfehler in Bezug auf Hierarchie, z.B. beim Chef, der Polizei, o.ä.

---

[11] (https://pixabay.com/de/illustrations/gehirn-hirn-gesicht-baum-%c3%a4ste-4512304/, 2023)

- <u>Fehler im sozialen Zusammenhang</u>

- <u>logische Fehler</u>: wir denken häufig in wenn-dann-Kombinationen, die sich anhand unserer bisherigen Erfahrungen erwarten

- <u>Attributionsfehler</u>: Wir schließen anhand unserer Beobachtungen auf die Beweggründe anderer.

- <u>Ankereffekt</u>: Ein Anker ist ein Wert, den Menschen sich selbst setzen. Z.B. ein bestimmter Wert bei einem Autokauf, den man als guten Gegenwert sehen würde. Anhand dieses Wertes beurteilt man das Gespräch.

- <u>Projektion</u>: Das was wir an uns selbst nicht mögen fällt uns bei anderen Personen besonders deutlich auf, wenn wir es wahrnehmen.

- <u>Sympathieeffekt</u>: Wenn uns jemand sympathisch ist, bewerten wir die Person positiver.

- <u>Kontrastfehler</u>: Eigenschaften, die einem selbst fehlen, werden besonders stark wahrgenommen.

- <u>Ähnlichkeitsfehler</u>: Persönlichkeitsmerkmale, die einem selbst sehr vertraut sind, werden besonders stark wahrgenommen.

- <u>Primacy-Effekt</u>: Der erste Eindruck wirkt. Auch bei weiteren Erfahrungen mit einer Person, wirkt der erste Eindruck weiterhin und beeinflusst unsere Wahrnehmung.

- <u>Endlichkeitseffekt</u>: Wenn wir ans Ende einer Phase, oder Situation kommen, wird diese häufig als angenehmer wahrgenommen.

- <u>Halo-Effekt</u>: Ein bestimmtes Merkmal überstrahlt andere und wird besonders deutlich wahrgenommen.

Humbug? Ich verdeutliche an einem Beispiel. Wenn du den Glaubenssatz hast „das Leben ist schwer", wird deine Wahrnehmung immer das Erkennen was gerade schwer ist und du wirst dir unbewusst immer den Weg auswählen, der mit Hindernissen gespickt ist, damit sich dein Glaubenssatz bewahrheitet. Dabei wirken entsprechende Wahrnehmungsfehler, die uns dabei „unterstützen", genau das zu finden, was wir erwarten.

Nun steigen wir etwas tiefer ein.

4.1 Wie wirken Glaubenssätze

Glaubenssätze sind Standortbestimmer für unser Leben. Denn anhand der Glaubenssätze legen wir unseren Fokus. Sie bestimmen unsere Wahrnehmung. Wie wir schon im Kapitel vom Gehirn gesehen haben, können nicht alle Informationen ans Großhirn übergeben werden, da es sonst überfordert wird. D.h. unser Reptiliengehirn und unser Emotionales Gehirn filtern Informationen, bevor sie diese weitergeben.

Diese beiden Gehirnregionen wirken unbewusst, d.h. sie filtern nicht anhand der Nützlichkeit aus rationalen Gesichtspunkten, sondern anhand vergangener Erlebnisse. Genau diese Erlebnisse bestimmen

unsere Filter und damit werden genau die Informationen weitergegeben, die zu unseren Glaubenssätzen passen.

Ich wiederhole, nach unserem Glauben wird uns geschehen. Das nehmen wir aber nicht bewusst wahr, wir erkennen nur die Auswirkungen draus. Und wenn wir glücklich und gesund sind, Freude und Wohlstand unsere Begleiter sind, können wir davon ausgehen, dass wir positive Glaubenssätze haben.

Wenn das nicht der Fall ist, kann man tiefer schauen welche Glaubenssätze unser Motor sind. Das Gute ist, man kann sie aufspüren und neutralisieren, bzw. umformen. Es benötigt Geduld, aber ist möglich.

<u>Beispiele in Form von Geschichten</u>

In einem ersten Beispiel möchte ich eine Frau betrachten. Selbstverständlich ist die Geschichte unabhängig vom Geschlecht, sondern exemplarisch.

Sabine wurde in einer Familie groß, in der sie erlebt hat, dass ihr Vater immer wieder ihre Mutter belog. Dies hat sie durch die Schwingung ihrer Eltern mitbekommen, aber auch durch Konflikte ihrer Eltern in der Kindheit. Ihre Mutter hatte darüber hinaus immer wieder Bemerkungen fallen lassen, dass sie bei Männern aufpassen muss. Bewusst weiß sie zwar, dass die Beziehung ihrer Eltern schwierig war und es immer wieder Streit gab. An die konkreten Erlebnisse ihrer Kindheit erinnert sie sich nicht mehr. Tief in ihrem Inneren hat sie den Glaubenssatz „Männer sind unehrlich" und ein Misstrauen gegen diese verinnerlicht.

Was passiert ihr nun im eigenen Leben? Aufgrund ihrer Schwingung wird sie zum einen immer Männer treffen, die ihrem Glauben entsprechen und unehrlich zu ihr sein werden. Zum anderen wird sie ihren Fokus aufgrund des inneren Misstrauens genau auf die Punkte legen und es werden ihr Dinge auffallen, die ihren Glauben verstärken.

So wird sie vermutlich Personen, die ehrlich sind, dahin beeinflussen ihr nicht mehr offen alles zu sagen. Verdeutlicht an einem Beispiel. Sabine hat einen Freund. Dieser trifft sich gerne mit Personen aus seinem

Freundeskreis. Nun wird er anhand ihrer Reaktionen merken, dass dies Misstrauen bei seiner Freundin auslöst, obwohl er gar nicht vorhat sie zu hintergehen. Es kommt zu Diskussionen, vielleicht auch zu Streit.

Eine Situation, die keiner gerne mag. Wenn er sich wieder verabredet, wird er sich möglicherweise überlegen, es ihr zu verschweigen. Je nachdem, wie bewusst er ist, wird er sich entscheiden. Und falls er sich dazu entscheidet, es zu verschweigen und sie es doch herausfindet, verstärkt sich auf diese Weise ihr Glaubenssatz.

Wenn er sich dafür entscheidet, offen zu kommunizieren kommt es immer wieder zu Konflikten. Die Wahrscheinlichkeit, dass beide langfristig in einer Beziehung bleiben ist eher unrealistisch.

So wirken sich unsere Glaubenssätze sehr umfassend auf unser Leben und unsere Erlebnisse aus.

Ein weiteres Beispiel.

Eine Person hat in sich tief verankert, dass sie nichts wert ist. Ursachen dafür liegen in ihrer Kindheit, in der sie immer wieder kritisiert wurde. Was sie gemacht hat wurde nicht wertgeschätzt, sondern kritisiert. In ihrer Familie machte man sich gerne über andere Personen lustig und es wurde nach dem Grundsatz „nicht geschimpft, ist genug gelobt" gelebt.

Auf diese Weise hatte die Person ein negatives Selbstbild von sich bekommen. Mit dem ging sie alles an. Arbeit, Beziehungen, Freizeit.

Entsprechend dem Glauben, dass sie nichts Wertvolles leistet, bekam sie Rückmeldung. Sie landete immer wieder in Stellen, in der sie viel Kritik erntet, obwohl sie viel leistet. Positive Rückmeldungen nahm sie nicht wahr, oder nicht ernst. Ihre Beziehungen waren sehr einseitig, sie versuchte es anderen recht zu machen und investierte viel Mühe in diese. Trotzdem hatte sie das Gefühl, keine Wertschätzung zu bekommen.

In dieser Spirale mit dem Fokus auf dem Negativen arbeitete sie beruflich viel und ging dabei immer wieder über ihre eigenen Grenzen.

Mit dem Ergebnis, dass ihr natürlich Fehler passierten. Denn wer permanent über seine Grenzen geht, beeinflusst damit die eigenen Ressourcen und wird weniger leistungsfähig. Fehler fallen auf und die Spirale kommt in eine immer schnellere Bewegung, die nach unten führt.

Welche Folgen dies für Ihre Beziehungen hat, lässt sich übertragen. Eigentlich ist keine Energie mehr übrig für Freundschaften oder Beziehungen. Wenn sich diese Freunde nun bei ihr melden fühlt sie sich dennoch verpflichtet „da zu sein" und die letzten Ressourcen einzubringen. Das kostet wiederum viel Kraft und unser Gegenüber spürt unsere Energie natürlich sehr deutlich. Daher werden nur die

Menschen in ihrem Leben bleiben, die von Ihrer Energie profitieren wollen und der Kreislauf geht weiter und die Ergebnisse werden immer identisch sein, sich aber potenzieren.

Betrachten wir noch eine andere, sehr typische Geschichte. Es gibt Menschen, die haben immer Pech. Woher kommt das? Liegt das in unseren Genen? Nein, definitiv nicht. Auch wenn es in uns liegt.

Thomas war schon immer ein Pechvogel. Wenn jemand stürzte, dann war er es. In der Familie waren alle schon in Hab-Acht-Stellung, wenn er etwas machte, und jeder erwartete irgendein Missgeschick. Er traute sich immer weniger zu und wenn er doch etwas versuchte, passierte in der Regel etwas und er erhielt eine Predigt und Schelte.

So hatte er tief in sich verinnerlicht, dass er nichts erfolgreich zu Ende bringen kann. Entsprechend diesem Glauben wählte er unbewusst genau die Möglichkeiten aus, die einen Erfolg schon fast unmöglich machten. An für sich war Thomas sehr kreativ, er liebte Holz und wollte eigentlich Schreiner werden. In seiner Familie galt das nichts und alle haben sofort jede Menge Bedenken geäußert, dass der ungeschickte

Thomas sich dabei vermutlich schwer verletzen würde. So wählte er einen Beruf im wirtschaftlichen. Das machte ihm keinen Spaß und einiges war im absolut unverständlich. So hatte er einen schweren Start. Was man nicht gerne tut, kann man in der Regel nicht guttun und so war er nicht besonders erfolgreich. In einer Krise war er derjenige der entlassen wurde. Er sah sich als Pechvogel bestätigt.

Wie gefallen dir diese drei Geschichten? Klingen sie für dich schlüssig? Ich habe sie gewählt, weil man an ihnen gut erkennen kann, auf welche Weise unser innerer Glaube wirkt. Unser Inneres, unsere tief in uns verankerten Überzeugungen wirken immer. Auch wenn wir uns dessen nicht bewusst sind.

Hierzu passt ein Zitat von Albert Einstein:

„Die Definition von Wahnsinn ist, immer wieder das Gleiche zu tun und andere Ergebnisse zu erwarten".

Ohne etwas bei sich zu verändern, wird sich nichts ändern. Das kann man festhalten.

Nimm dir ein paar Minuten für dich und überlege, ob du solche oder ähnliche Überzeugungen in dir trägst und wie diese wirken könnten.

4.2 Fazit

Wenn man die Mechanismen betrachtet, haben wir unser Leben in der Hand. Voraussetzung hierfür ist, dass wir uns bewusst mit uns selbst beschäftigen. Ein Ansatzpunkt sind folgende kosmischen Gesetze.

Wie innen so außen

Wie unten so oben

Wir sind was wir denken

Das Leben, das wir führen ist genau das Ergebnis dessen, was wir denken und wovon wir ausgehen. Ich habe schon geschrieben „nach unserem Glauben wird uns geschehen". Ich hoffe, die Erläuterung der Mechanismen, der menschlichen Entwicklung und Wahrnehmung, konnte dies auch für den Verstand greifbar machen. Falls dir das zu viel Bezug zur Bibel hat, kannst du es auch die selbsterfüllende Prophezeiung nennen oder Murphys Law. Letztlich bedeuten alle Aussagen das gleiche. Nämlich, wir sind verantwortlich für unser Leben und verantwortlich für unsere Erlebnisse.

Dieser Gedanke kann im ersten Moment erschrecken, denn es geht nicht mehr anderen die Schuld für die eigenen Erlebnisse zu geben. Wir dürfen uns im Spiegel tief in die Augen schauen und erkennen, wir sind verantwortlich.

Das Gute daran ist, wenn unser aktuelles Leben, das Ergebnis unserer bisherigen Gedanken ist. Dann können wir davon ausgehen, dass andere Gedanken auch ein anderes Leben bewirken. Also machen wir uns auf den Weg unsere tiefsitzenden Gedanken über uns und das Leben zu ergründen und wir erkennen die Kausalität.

Und noch eine gute Nachricht. Unsere Glaubensmuster lassen sich ändern. Der erste Schritt dafür ist, dass wir uns ihrer bewusst werden. Etwas aus dem Unterbewusstsein ins Bewusstsein zu holen ist immer der erste Schritt.

Auf geht's, legen wir los.

KAPITEL 5: AUFSPÜREN VORHANDENER GLAUBENSSÄTZE

Das war viel Inhalt über die Psyche, die Seele, den Aufbau und die Funktion unseres Gehirns und weshalb es absolut gut und wichtig für uns ist, dass es Filter gibt, die Informationen ausfiltern, bevor sie in unserem Großhirn ankommen.

Diese grundsätzlich positive Funktion, kann uns aber auch davon abhalten ein glückliches Leben in absoluter Fülle in allen Bereichen zu führen. Unser Geburtsrecht ist Fülle. Fülle in allen Bereichen unseres Lebens. Also schauen wir was uns bisher davon abhält.

An dieser Stelle nochmals kurz. Es gibt uns dienliche und hinderliche Glaubenssätze. Wenn wir die uns dienlichen finden, dürfen wir uns freuen und behalten diese natürlich

5.1 Wie komme ich an meine Glaubenssätze

Die Frage wie man an seine Glaubenssätze kommt, hängt vom Grad der eigenen Bewusstheit ab, mit der man durch die Welt geht. Wie bewusst bist du dir deiner selbst? Wie bewusst bist du dir der Welt, die um dich ist? Bewusstsein ist die Grundlage, Glaubenssätze erkennen zu können.

Weshalb ist das so?

Wir brauchen unser gesamtes Gehirn, um uns auszurichten, also die Teile, die unbewusst arbeiten und diejenigen, die bewusst arbeiten. Hierfür benötigt es das Zusammenspiel. Und da das Unterbewusstsein automatisch auf Reize reagiert und dann die jeweiligen Programme quasi abruft, müssen wir uns zunächst darüber bewusst werden

- Was sind die Reize, auf die ich reagiere

- Was sind die Programme, die dann ablaufen

- Was sind die Funktionen dieser Programme

- Wofür dienen diese Programme meiner Person

Falls es dich nervt, dass bestimmte Punkte in etwas anderer Form immer wieder auftauchen. Das ist Absicht. Wir funktionieren seit einer Anzahl von Jahren nach bestimmten Mustern, das hinterfragen wir nicht, sondern wir handeln. Diese zu ändern, benötigt Wiederholung und so dürfen wir uns erst mal sehr deutlich bewusstwerden, dass das so ist. Dafür hilft Wiederholung.

Jetzt aber weiter. Wie kommen wir nun an unsere Glaubenssätze?

Der erste Schritt ist, dass wir uns bewusstwerden, was wir uns in unserem Leben anders wünschen. Herausfinden, was in unserem Leben nicht gut läuft, bzw. nicht so läuft wie wir es gerne hätten. Hier sind wir in der Bewertung ja, aber in diesem Fall macht es Sinn, denn wir wollen ja irgendwo hin. Wir haben ein Ziel, und wenn wir zu etwas hinwollen, gehen wir gleichzeitig auch von etwas weg.

Wie lebst du? Was lebst du? Was wünscht du dir für dein Leben?

Der entscheidende Punkt ist, an die Informationen zu kommen, die in unserem Unterbewusstsein gespeichert sind. Diese bewirken die aktuelle Situation in unserem Leben.

Lass dich dabei nicht von deinem Verstand aufs Glatteis führen. Er ist sehr erfinderisch darin Gründe für etwas zu finden. Wir wollen an die Basis kommen. Dafür dürfen wir vermutlich viele Gründe, die uns der Verstand anbietet, anschauen, tiefer gehen und diese wieder ziehen lassen.

Und wie immer im Leben ist es so, wir müssen erst mal erkennen, woran wir arbeiten wollen um es bearbeiten zu können.

5.2 Methoden, um die eigenen Glaubenssätze aufzuspüren

Wenn wir auf die im Unterbewusstsein gespeicherten Inhalte zugreifen wollen, gibt es ein paar Grundsätze. Auf diese möchte ich eingehen, bevor ich konkrete Methoden nenne. Diese Grundsätze sind:

Sei stolz auf dich. Du arbeitest an dir :). Das ist großartig, denn mit der Arbeit an dir arbeitest du an der gesamten Welt (kosmische Gesetze aus dem letzten Kapitel).

Geh in die Ruhe, bzw. achte darauf nicht so viele Reize von außen zu haben. Das lenkt ab.

Achte auf die Dinge, die dich triggern.

Was spiegelt dir dein Umfeld.

Sei geduldig mit dir selbst. Unsere Überzeugungen haben sich über Jahre gebildet, also gib dir Zeit.

Gib nicht auf. Entwicklung passiert in Stufen, das heißt du kannst vielleicht zwischendurch den Eindruck haben, auf derselben Stufe zu bleiben. Das ist normal, bleib dran, und es geht bald auf die nächste Stufe.

[13]

---

[13] (https://pixabay.com/de/illustrations/erfolg-stufenweise-karriere-person-4578800/, 2023)

Was kannst du konkret machen, um deine Glaubenssätze zu erkennen? Hierfür gibt es verschiedene Möglichkeiten. Nutze gerne die Methode, die am besten zu dir passt.

Natürlich kannst du die Methoden kombinieren, oder mit einer beginnen und nach und nach neue Methoden dazu nehmen.

5.2.1 Listen

[14]

Nimm dir bewusst ein paar Minuten Zeit und erstelle Listen mit Glaubenssätzen, die dir einfallen. Sei dabei kreativ, schreibe in einem ersten Schritt einfach nieder was dir einfällt, ohne das Geschriebene zu bewerten.

Gerne kannst du deine Liste auch mit den Beispielen im Anhang ergänzen. Aber bitte probiere es zunächst selbst und schau nicht gleich auf die Liste. Diese Liste ist weder abschließend noch endgültig, es sind nur Beispiele typischer Glaubenssätze.

Wenn du das Arbeitsbuch hast, findest du hier eine vorbereitete Übung mit Platz für deine Notizen.

Wenn du deine Liste hast, schau einfach, ob beim Durchlesen etwas bei dir in Resonanz geht. Markiere dir die Sätze, die Reaktionen bei dir hervorrufen.

---

[14] (https://pixabay.com/de/illustrations/listen-machen-papier-checkbox-6131213/, 2023)

Welche Reaktionen könnten das sein?

- Ein Bauchgefühl

- Eine Erinnerung

- Aufkommende Gedanken

- Wut

- Assoziationen

Notiere dir gerne zu den einzelnen Glaubenssätzen deine spontane Reaktion. Sie gibt dir einen Hinweis.

Ich gehe an dieser Stelle nochmal kurz auf unser Unterbewusstsein, bzw. auf die beiden ersten Gehirne ein. Reize lösen automatisch Reaktionen aus. Wenn du eine Reaktion spürst, kannst du davon ausgehen, dass hier ein für dich wichtiger Reiz getroffen wurde. Bevor unser Verstand uns dann Lösungen anbieten möchte, sollten wir aussteigen.

In einem zweiten Schritt schau dir die markierten Glaubenssätze an und steige etwas tiefer in das Gefühl ein, dass dieser Satz bei dir auslöst.

Wie kannst du hier vorgehen? Frage dich folgendes:

- Welches konkrete Gefühl kommt in mir hoch

- Woher kenne ich dieses Gefühl

- Erinnert mich das an eine bestimmte Situation, die ich früher erlebt habe?

- Wie sehe ich mich, wenn ich in dieses Gefühl gehe?

5.2.2 Beobachte dich selbst und deine Gedanken

¹⁵

Wir denken den ganzen Tag. Wir bewerten gesehenes und bilden uns permanent Meinungen. Meinungen über Dinge, Situationen, die wir erleben und über Menschen, die wir treffen. Das passiert unterbewusst. Auch uns selbst, unsere Handlungen und Meinungen bewerten wir permanent.

Achte heute bewusst auf deine Gedanken. Nimm ein Notizbuch oder einen kleinen Block mit und trage ihn den ganzen Tag bei dir. Immer wenn du etwas denkst, notiere dir das. Ohne Bewertung. An diesem Punkt geht es um die bewusste Wahrnehmung. Auch immer wieder kehrende Gedanken einfach notieren, oder markieren, was immer wieder auftaucht.

Schaue dir am Abend deine Aufzeichnungen an. Was fällt dir auf? Taucht etwas besonders oft auf? Gehen die Gedanken in die gleiche Richtung, oder sind sie teilweise widersprüchlich? Wenn du tiefer gehst, kommst du durch deine Aufzeichnungen direkt zu deinen Glaubenssätzen.

---

¹⁵ (https://pixabay.com/de/illustrations/gesicht-seele-kopf-rauch-licht-622904/, 2023)

Nutze hier gerne ebenfalls diese Fragen:

- Welches konkrete Gefühl kommt in mir hoch?

- Woher kenne ich dieses Gefühl?

- Erinnert mich das an eine bestimmte Situation, die ich früher erlebt habe?

- Wie sehe ich mich, wenn ich in dieses Gefühl gehe?

Im Arbeitsbuch findest du ein paar Impulse, wie du damit umgehen kannst. Hilfreich kann es sein, die Gedanken aus der Vogelperspektive zu betrachten. Was würdest du einem Freund antworten, der diese Dinge denkt?

5.2.3 Innere Dialoge

[16]

Wir führen sehr oft innere Dialoge, bzw. sagen uns Dinge. Die Person, mit der wir am häufigsten sprechen sind wir selbst. Wie oft rügst du dich, oder sagst etwas Negatives zu dir selbst? Achte mal darauf, was du dir tagsüber so alles selbst sagst. Notiere dir gerne, was dir dabei auffällt.

---

[16] (https://pixabay.com/de/illustrations/mann-frau-fragezeichen-probleme-2814937/, 2023)

Diesen inneren Dialog kannst du auch bewusst nutzen. Frag dich selbst mal, weshalb du aktuell da bist, wo du stehst.

Und frag dich, weshalb du noch nicht da bist wo du hinmöchtest.

Achte auf die Antworten, die in dir hochkommen und mach dir gerne Notizen. Versuche die Antworten, die du bekommst, nicht zu bewerten. Nimm nur wahr. Es geht nicht um Urteile, sondern um Wahrnehmung. Daher schreibe einfach alles auf, was dir in den Sinn kommt. Unabhängig davon, ob du das positiv oder negativ empfindest.

Wiederhole diese Übung mit etwas Abstand immer mal wieder. Du wirst sehen, es werden andere Themen zum Vorschein kommen.

5.2.4 Meditation

¹⁷

Falls du denkst, du kannst nicht meditieren möchte ich dir an dieser Stelle sagen, das ist ein Glaubenssatz. Jeder kann meditieren, jeder hat seine eigene Art hierfür. Das kann stilles Sitzen und in sich gehen sein. Geführt anhand einer Audioaufnahme, mit Musik oder in absoluter Ruhe.

---

[17] (https://pixabay.com/de/illustrations/mond-frau-silhouette-meditation-1815984/, 2023)

Es kann aber auch sein, dass du bei einer bestimmten Tätigkeit, wie Gartenarbeit, spazieren gehen oder sogar beim Abspülen in diesen Zustand kommst.

Entscheidend ist auch hier die Übung. Lass dich drauf ein und probiere es einfach aus. Sollte es nicht gleich funktionieren, bleib dran. Neue Wege zeigen sich selten direkt beim ersten Gehen. Wenn wir über eine unberührte Wiese gehen, dürfen wir den Weg immer wieder gehen, bis wir ihn dauerhaft in der Wiese erkennen.

Weshalb ist das wichtig? Unser Gehirn arbeitet in verschiedenen Bereichen. Zugriff auf das Unterbewusstsein haben wir im sogenannten Theta-Zustand. Diesen Zustand erreichen wir automatisch kurz vor dem Einschlafen und kurz nach dem Aufwachen. Bewusst erreichen können wir diesen Zustand bei der Meditation und im Trance-Zustand.

Beschreiben kann man den Zustand als eine Phase zwischen Entspannung und Schlaf. In dieser Phase wird der Verstand größtenteils ausgeschaltet, daher haben wir direkten Zugriff auf unser Unterbewusstsein.

Meditationen sind ein wichtiges Instrument. Nutze sie. Während der Meditation bekommst du Impulse, vielleicht tauchen Szenen oder Gedanken, Erkenntnisse auf. Notiere dir diese nach der Meditation, als eine Art Bestandsaufnahme.

Diese Notizen sind wichtig, denn so bleiben uns diese Ideen. Wenn wir sie nicht notieren, kann es sein, dass sie wieder aus unserem Gedächtnis gehen.

Die Methoden lassen sich kombinieren, probiere doch alle aus und schau welche dir am besten liegt.

Kleiner Tipp, manche Dinge benötigen etwas Zeit, also gib nicht auf, wenn es beim ersten Mal nicht gleich funktioniert. Du kannst dir das vorstellen wie bei einem Weg. Wenn du vor einer Wiese stehst, die von niemandem betreten wird. Wenn du nun darüber gehst, wird nicht gleich beim ersten Mal ein Weg sichtbar sein. Das Gras richtet sich wieder auf und der Weg, ist nicht mehr sichtbar. Je öfter du genau an derselben Stelle über die Wiese läufst, desto sichtbarer wird der Weg.

Und irgendwann wird es eine Art Automatismus (der Weg bleibt dauerhaft), nennen wir dies Gewohnheit. Also bleib dran und gebe dir selbst die Chance neue automatische Programme zu installieren, die dir dienlich sind.

Eine gute Zeitspanne dafür sind ca. 21 Tage. Also wenn du etwas davon ausprobierst, nimm dir konsequent 21 Tage dafür Zeit und mach es einfach. Dabei kannst du die sogenannte 5 Sekunden-Regel nutzen. Sobald wir anfangen darüber nachzudenken, ob wir etwas tun oder nicht, sind wir im Verstand. Dann haben wir fast schon die Entscheidung dagegen getroffen, denn unser Verstand wird immer Gründe finden, weshalb wir etwas besser lassen.

Gib dir einen Schubs und nutze die Chance für den überschaubaren Zeitraum von 21 Tagen, um einfach zu machen. Lass dich überraschen was dann passiert.

„Es gibt nichts Gutes, außer man tut es"

18

---

18   (https://pixabay.com/de/photos/erwachsenenbildung-buch-b%c3%bccher-2706977/, 2023)

5.3 Sind alle meine Handlungen von Glaubenssätzen geprägt?

Diese Frage ist nicht einfach zu beantworten. Wo beginnt man mit dieser Frage. Ich würde sagen es ist grundsätzlich möglich. Weshalb?

Glaubenssätze bilden zusammen ein Glaubenssystem, das unsere Wahrnehmung und damit unser Leben bestimmt. Es ist heute sogar bekannt, dass unsere Körperfunktionen unseren Gedanken folgen. Betrachten wir Placebos, diese haben ohne Wirkstoffe eine positive Wirkung auf unseren Körper. Weil wir davon überzeugt sind, dass sie helfen.

Unser Körper reagiert entsprechend unserer Überzeugungen. Findest du das unheimlich? Ich finde das offenbart ein riesiges Potential. Wenn wir sogar unseren Körper beeinflussen können, sind wir der Schöpfer unseres Lebens. Ich bekomme bei dem Gedanken ein Funkeln in den Augen und freue mich auf die unerschöpflichen Möglichkeiten.

Legen wir den Fokus auf das reale Leben. Weshalb wählen wir bestimmte Lebensmittel? Weshalb machen wir Sport, oder eben auch nicht? Es gibt viele Dinge, von denen wir wissen, dass sie gut für uns wären. Deshalb setzen wir diese Dinge noch lange nicht in die Tat um. Oder es gibt Verhaltensweisen, die uns definitiv nicht guttun, aber wir behalten sie bei.

Jetzt könnte man sagen das sind Gewohnheiten und Gewohnheiten hat man eben, das hat nicht gleich etwas mit einem Glaubenssatz zu tun.

Richtig. Das kann so sein. Allerding könnte man auch anders argumentieren. Wenn ich weiß, dass regelmäßige Bewegung mir guttun und meiner Gesundheit förderlich ist und ich mich dennoch nicht regelmäßig bewege, könnte dahinter auch ein Glaubenssatz stecken. Manchmal dürfen wir dabei um die Ecke denken.

Der erste Schritt ist die Wahrnehmung. Der nächste Schritt ist tiefer zu gehen, Ich weiß, es wäre gut, aber ich mache es nicht. Weshalb mache ich es denn nicht?

Bleiben wir beim Beispiel Bewegung. Hast du keine Kraft mehr dazu und möchtest dich nur noch aufs Sofa legen, statt noch eine kleine Runde an der frischen Luft zu gehen? Dann kannst du überlegen, weshalb hast du keine Kraft mehr? Womit hast du deinen Tag verbracht?

Hast du es vielen anderen recht gemacht, dass am Ende des Tages keine Energie mehr für dich übrig ist?

Oder verbindest du mit dem Spaziergang an der frischen Luft Anstrengung und Mühe?

Oder machst du es heute nicht, weil dir etwas anderes gerade besser tut?

Je nachdem kann es verschiedene Hintergründe geben, weshalb wir etwas tun oder eben nicht. Und die Ursache dafür kann ein Glaubenssatz sein, oder auch nicht.

Es beginnt damit sich seiner selbst bewusst zu werden und zu reflektieren. Und sich selbst Fragen zu stellen und seine persönlichen Antworten zu finden.

Fang an, die Reise zu uns selbst ist die spannendste Reise überhaupt. Ja, vielleicht finden wir Dinge, die uns im ersten Moment erschrecken. Aber wir sollten nicht vor uns selbst erschrecken, bewerten ändert nichts. Wir sollten uns und unsere Antreiber kennen. Ins Bewusstsein geholt ergibt sich Potential für Veränderung.

Ob wir dann etwas verändern wollen oder nicht, können wir selbst entscheiden. Selbstverantwortung ist der Schlüssel zum eigenen Leben. Für mich ist das Selbstermächtigung. Denn entweder holen wir unsere Macht zu uns selbst, oder wir überlassen diese Macht anderen. Prägungen und der Umwelt.

Diese Entscheidung darfst du gerne für dich treffen. Hier ist es wie beim Glück. Es ist eine Entscheidung.

Und wenn wir weiterdenken, ist uns alles möglich. Denn mit einem festen Glauben in uns, bringen uns gegenteilige Informationen aus dem Außen nicht in Aufruhr oder zum Zweifeln. Daher können wir diese

Mechanismen guten Gewissens für uns nutzen, aus unserem eigenen Antrieb heraus. Um uns das Leben zu schaffen, das wir uns wünschen.

Ich möchte dieses Kapitel mit einem Beispiel aus der Wissenschaft beenden.

Im Jahr 1968 haben die Psychologen Rosenthal und Jacobsen ein Experiment[19] durchgeführt. Sie haben Grundschüler einen Intelligenztest absolvieren lassen und haben dem Lehrpersonal dieser Kinder über die Ergebnisse informiert. Darüber hinaus sagten sie den Lehrern, der Test gebe Aufschluss über die zukünftige Entwicklung der Kinder. Die Lehrer gingen daher davon aus, dass Kinder mit einem guten Ergebnis im Test in der Zukunft in Tests gute Ergebnisse erzielen werden. Die Psychologen nannten den Lehrern 1/5 der Kinder der Gruppe, die sie willkürlich wählten. Bei einem späteren, weiteren Test zeigte sich, dass genau diese Kinder tatsächlich bedeutend bessere Ergebnisse erzielten. Die Annahme des Lehrpersonals hatte offensichtlich Auswirkungen auf die Ergebnisse der Kinder.

---

[19] (https://de.wikipedia.org/wiki/Pygmalion-Effekt, 2023)

KAPITEL 6: URSACHEN VON GLAUBENSSÄTZEN ERKENNEN

Dem Verstand hilft es Ursachen und Gründe zu kennen und zu verstehen, um Änderungen vorzunehmen. Daher tauchen wir noch etwas tiefer ein. Woher kommen denn nun eigentlich Glaubenssätze?

6.1 Verstehen dahinter liegender Mechanismen

Babys nehmen schon im Mutterleib äußere Einflüsse wie Stimmen wahr. Sie nehmen aber auch Emotionen der Mutter wahr. Ist sie glücklich, hat sie Probleme, Zweifel o.ä. All das nimmt das Baby bereits vor der Geburt wahr. Es wirkt, wie die Nahrung, die die Mutter zu sich nimmt, auf das Kind.

Nach der Geburt ist das Baby noch absolut abhängig von seinen Eltern, das bleibt lange so. Ohne seine Eltern ist auch das Kleinkind noch nicht allein überlebensfähig. Daher achtet das Kind genau auf seine Umgebung. Die ist sehr wichtig, um das eigene Überleben zu sichern.

Hierdurch achten Kinder genau auf das was andere sagen, denken, tun. „Die Großen" sind die Vorbilder und wissen was richtig oder falsch ist. Bei der Entwicklung des Gehirns haben wir gesehen, dass sich die rationalen Teile des Gehirns erst später entwickeln, daher werden die Handlungen des Umfelds noch nicht rational bewertet, sie werden einfach als sinnvoll angenommen und übernommen.

Da unser Unterbewusstsein vom Grundsatz her wie eine Festplatte funktioniert, die alles speichert (ebenfalls ohne zu bewerten) wird in dieser Zeit unser Fahrplan für das Leben festgelegt. Denn was wir immer wieder erleben und wahrnehmen wird letztlich unsere eigene Wahrheit. Der nicht vorhandene Weg wird zunächst zum kleinen Trampelpfad und nach und nach zur breiten Straße, die dauerhaft vorhanden bleibt.

<u>Wichtig dabei ist:</u>

Diese Funktion ist für den Menschen wichtig und gut, denn sie sichert das Überleben – in diesem Zeitpunkt.

Als Erwachsener darf man dies neu bewerten, denn diese Funktion kann nun hinderlich sein. Gefahren für kleine Kinder, müssen keine Gefahren für einen Erwachsenen sein. Wir können unseren Verstand nutzen, um alles nochmals neu zu beleuchten und neue Entscheidungen für uns treffen.

Wir sind kein kleines Kind mehr :), also dürfen wir die Maßstäbe neu setzen.

6.2 Wie hilft das Bewusstmachen bei einer Änderung?

Das Unterbewusstsein funktioniert automatisch. Sich Dinge bewusst zu machen, holt das Verhalten zunächst einmal an die Oberfläche und ermöglicht es dieses zu beleuchten, sich Gedanken dazu zu machen.

Wenn wir die Kombination aus Unterbewusstsein und Bewusstsein nutzen, können beleuchten, was hinter bestimmten Mustern stecken.

Danach können wir überlegen was diese Muster für uns und unser Leben bedeuten. In einem letzten Schritt dürfen wir entscheiden, ob sie uns heute noch dienlich sind oder nicht.

Vergleichbar ist das z.B. mit einer Perle in einer Muschel. Wenn du die Perle genau betrachten möchtest, benötigst du zunächst die Muschel. Die Muschel liegt noch auf dem Meeresgrund. In diesem Fall wirst du zunächst tief nach unten gehen, um die Muschel zu suchen. Wenn du sie gefunden hast, darfst du sie mit nach oben holen – vielleicht musst du sie sogar erst noch vom Grund, oder aus ihrer Umgebung lösen. Wenn du die Muschel gefunden hast, freu dich :), der erste Schritt ist geschafft. Du kannst sie schon mal in der Hand halten und bewundern.

Die Perle siehst du aber noch nicht. Dafür musst du zunächst die Muschel öffnen, vielleicht behutsam, ohne sie dabei zu zerstören? Also vorsichtig und Stück für Stück. Mit einem Plan, über den du erstmal nachdenkst. Wenn die Muschel offen ist, siehst du die Perle und kannst die „Früchte" deiner Arbeit ernten. Sei stolz auf dich und freue dich an dem Wunderwerk der Natur.

Ich mag den Vergleich mit der Perle und der Muschel, denn wir tragen unendliche Schätze in uns, die wir entdecken und wertschätzen dürfen.

6.3 Reicht es, sich Glaubenssätze bewusst zu machen?

Manchmal genügt es, sich Glaubenssätze bewusst zu machen, um sie zu ändern. In anderen Fällen nicht. Es kommt darauf an, wie tief die Glaubenssätze verankert sind.

An einem Beispiel erläutert. Du hast ein Referat gehalten, bei dem vieles schief ging. Danach könntest du der Meinung sein, dass du keine Vorträge vor einer Gruppe halten kannst. Das wäre ein Glaubenssatz.

Wenn du dir diesen Glaubenssatz bewusst machst oder tiefer darüber nachdenkst, fallen dir möglicherweise verschiedene Gründe ein, weshalb das damals „in die Hose ging". So kannst du gegebenenfalls schon feststellen, dass das keine „grundsätzliche Eigenschaft" deiner Person ist. Du kannst an den Ursachen/Gründen arbeiten und das nächste Referat anders angehen. Wenn nun das nächste Referat gut läuft, wird damit automatisch der Glaubenssatz gelöscht. Für mich hat das etwas mit Selbstermächtigung zu tun, sich die Macht zurückzuholen.

Sollte Macht für dich negativ belegt sein, darfst du gerne schauen, woher das kommt. Macht ist an für sich erstmal neutral. Wir haben zwei Möglichkeiten, entweder die Macht für uns übernehmen oder die Macht anderen zu übergeben. Macht ist grundsätzlich da und wir entscheiden, wie wir damit umgehen. Macht an für sich ist auch nicht das Problem, die Frage ist wie man mit Macht umgeht. Handeln wir aus der Liebe oder handeln wir aus dem Mangel. Das bestimmt die Konsequenz.

Was ist nun mit tieferliegenden Glaubenssätzen? Betrachten wir den Glaubenssatz „ich bin nicht gut genug". Dieser Glaubenssatz wirkt auf sehr vielen Ebenen und hat mit unserer eigenen Identität zu tun. Machen wir uns diesen Glaubenssatz bewusst, ist das ein erster wichtiger Schritt. Ich behaupte jedoch, das wird in diesem Fall nicht genügen, denn er wirkt auf sehr vielen Ebenen.

Um ein paar Beispiele zu nennen

- Er wirkt auf unsere Beziehungen.

- Er wirkt auf unsere eigenen Handlungen.

- Er wirkt auf andere Glaubenssätze, wie z.b. stehe ich für mich ein, setze ich meine Bedürfnisse oder die anderer an die erste Stelle, nehme ich mir Raum für mich, darf ich Erfolg im Leben haben.

- Usw.... diese Liste ist nicht vollständig

Wenn wir uns diesen Glaubenssatz bewusst machen, wissen wir deshalb noch lange nicht auf welche Bereiche dieser wirkt. Hierfür dürfen noch tiefer schauen. Vermutlich dürfen wir auch die alten Situationen auflösen, die uns dazu gebracht haben, diesen Glaubenssatz zu unserem zu machen.

6.4 Fazit

Glaubenssätze sind ein sehr umfassendes Thema, daher gibt es keine einfachen Antworten. Um zu entscheiden, wie wir einzelne Glaubenssätze angehen, dürfen wir jeden einzelnen betrachten und dann individuell entscheiden.

Solltest du jetzt enttäuscht sein, weil du dir einfache Lösungen gewünscht hast, schlage ich eine Fokusänderung vor. Enttäuschung ist positiv. Enttäuschung nimmt die eigene Täuschung weg und bietet die Chance auf Klarheit und auf eigene Weiterentwicklung. Es liegt an dir, nutzt du die Chance, oder bleibst du in deinen alten Mustern.

Falls du jetzt denkst, puh... war ja klar, das wird schwer. Das ist ein Glaubenssatz, es kann leicht sein. Es gibt keine Garantie, dass man nicht auf schmerzhafte Aspekte stößt, aber gleichzeitig ist das die Chance diese loszulassen.

Um alte Verletzungen aufzulösen, dürfen wir dieses Gefühl nochmals durchleben. Das schöne ist, danach können wir es loslassen, wenn wir uns dafür entscheiden. Also wofür entscheidest du dich?

Mut heißt nicht keine Angst zu haben. Mut bedeutet den Schritt trotzdem zu machen. Weiterentwicklung findet i.d.R. außerhalb der eigenen Komfortzone statt. Also mach dich auf die Reise. Wenn du den Eindruck hast, du schaffst das nicht allein, melde dich gerne bei mir, dann reisen wir gemeinsam.

KAPITEL 7: FÖRDERLICHE UND HINDERLICHE GLAUBENSSÄTZE

Anhand der bisherigen Ausführungen könnte man den Eindruck haben, wir behindern uns ständig selbst. Vielleicht tun wir das in einigen Bereichen. Dennoch gibt es nicht nur schwarz, sondern auch immer das Gegenstück dazu. Wo Schatten ist, ist auch Licht. Die beiden Seiten können nur miteinander existieren.

7.1 Gibt es förderliche Glaubenssätze?

Da es immer beide Seiten einer Medaille gibt, ist die Antwort klar ja natürlich.

Was wir tief in uns erwarten, werden wir bekommen. Die Welt ist immer ein Spiegel unseres Inneren, da wir die Welt durch unsere eigene Brille erleben. Entsprechend gibt es auch positive Glaubenssätze, die uns förderlich sind.

Wenn wir z.B. schwierige Situationen meistern, kann hieraus das Selbstverständnis entstehen, dass wir immer eine Lösung finden werden, egal was kommt. Dies wäre ein förderlicher Glaubenssatz. Da wir mit diesem Selbstverständnis in die Welt gehen, werden wir genau das in der Realität erleben. Das heißt nicht, dass man niemals mehr unerwartete oder herausfordernde Situationen erlebt.

Das Entscheidende ist, dass wir in diesen Situationen genau die Impulse bekommen, die wir benötigen. Wir finden Lösungsansätze in dieser Situation. Entsprechend dem Satz innen wie außen, werden wir unseren

Fokus auf die Lösung legen, statt zu verzweifeln. Natürlich können wir dieses Gefühl erleben, aber wir werden nicht darin verharren und uns im eigenen Gedankenkarussell verfahren.

Wir werden wieder aufstehen und uns aufmachen, eine Lösung für die Situation zu finden. Unser innerer Kompass, wird unsere Aufmerksamkeit auf die Dinge lenken, die uns helfen können. Wir haben die Kraft uns selbst zu vertrauen und uns ermächtigen unser Leben in die Hand zu nehmen.

So gibt es zahlreiche weitere förderliche Glaubenssätze. Ein paar Beispiele:

- Das Leben meint es gut mit mir

- Geld verdienen ist leicht

- Das Leben ist leicht

- Ich bin wertvoll

- Ich finde immer eine Lösung

- Ich schaffe alles, was ich mir vornehme

- ....

Diese Liste lässt sich beliebig erweitern. Welche positiven Glaubenssätze hast du? Nimm dir ein paar Minuten Zeit und notiere sie dir. Im Arbeitsbuch findest du eine passende Übung dazu.

7.2 Was sind die Folgen hinderlicher Glaubenssätze?

Wie schon kurz ausgeführt, bestimmen Glaubenssätze unser gesamtes Leben. Entsprechend setzen uns hinderliche Glaubenssätze Grenzen, die eigentlich gar nicht vorhanden sind. Sie bestimmen unsere Erwartungen, unsere Wahrnehmung und unsere Sicht auf die Welt. Wir konstruieren uns, unsere Welt anhand ihrer, wenn wir uns deren nicht bewusst sind.

An einem Beispiel. Wenn ich mir selbst nichts wert bin, sehe ich all das was mich im Außen nicht wertschätzt, also werde ich das immer wieder erleben. Das verstärkt das dann nochmals. Und im Endeffekt traue ich mir nichts zu, denke ich kann meine Träume nicht verwirklichen, erwarte dass ich scheitere, Dinge nicht kann, oder dass mir gewisse Dinge nicht zustehen.

Wir schnüren uns damit unser Korsett und möglicherweise bekommen wir das Gefühl, dass uns in diesem Korsett die Luft wegbleibt. Wenn wir realisieren, dass wir uns selbst dieses Korsett schnüren, können wir es lösen. Denn weshalb sollten wir uns selbst beschränken, oder die Luft abschnüren?

Grundsätzlich ist alles möglich. Was löst dieser Satz in dir aus? Solltest du denken, dass ich unrealistisch bin. Wer sagt dir, dass das so ist? Wer sagt, dass das Leben nicht dazu da ist, dass wir unseren Träumen folgen können und diese umsetzen.

Das Leben ist für uns und nicht gegen uns. Das heißt nicht, dass es keine Aufgaben abzuarbeiten oder aufzulösen gibt. Aber alles was passiert, passiert für uns. Die Frage ist, ob wir darin eine Chance oder ein großes Problem erkennen. Und wie wir damit umgehen.

7.3 Was sind die Folgen förderlicher Glaubenssätze?

Entsprechend der Wirkung der hinderlichen Glaubenssätze wirken auch förderliche Glaubenssätze.

Wenn ich z.B. davon überzeugt bin, dass ich alles schaffen kann. Dann lege ich automatisch den Fokus auf die Frage „wie kann ich es erreichen". Ich suche Lösungen zur Umsetzung, bin offen für alles, was der Umsetzung dienlich ist. Auch wenn das vielleicht auf den ersten Blick nicht zu erkennen ist.

Energie folgt dem Fokus. Immer.

Wenn wir auf die Lösung fokussiert sind, fallen uns Ideen ein. Wir folgen möglicherweise auch Impulsen. Diese Impulse kommen oft aus unserem

Unterbewusstsein. Dort sind ähnliche Situationen gespeichert, auf diese greifen wir zu - unbewusst.

In diesem Fall ist das aber eine gute Sache. Denn wir kommen Schritt für Schritt zu unserer Lösung. Entscheidend ist dabei die Handlung.

Es genügt nicht von etwas überzeugt zu sein. Wir dürfen in die Handlung kommen und „Tun". Und sobald wir tun, werden wir Ergebnisse erhalten. Möglicherweise sind nicht alle Ergebnisse hilfreich für unser Projekt. Da wir unseren Fokus aufgrund des Glaubenssatzes auf „ich schaffe das", auf die Lösung legen, werde ich Lösungen wahrnehmen und diese werden meinen Glaubenssatz bestärken und ich werde noch mehr und motivierter ins Handeln kommen.

7.4 Fazit

Aus unseren Grundeinstellungen ergibt sich eine Art Spirale. Diese kann nach oben oder nach unten führen. In welche Richtung es geht, können wir selbst bestimmen. Es beginnt mit der Arbeit an sich selbst und mit der Bewusstmachung, was wir über uns selbst und die Welt denken und annehmen.

Es ist Arbeit, die sich definitiv lohnt. Denn grundsätzlich ist alles möglich. Finden wir heraus, in welchen Bereichen wir uns selbst beschränken und in welchen wir keine Grenzen haben. Behalten wir förderliche Aspekte und bestärken diese. Wandeln wir diejenigen, die uns begrenzen in förderliche und schauen wohin unsere Reise geht. Prinzipiell ist uns alles möglich.

KAPITEL 8: AUFLÖSUNG HINDERLICHER GLAUBENSSÄTZE

Weshalb wir diese auflösen sollten, haben wir im letzten Kapitel bereits angeschnitten. Hier möchte ich noch etwas tiefer darauf eingehen.

Wenn uns grundsätzlich all das, was wir glauben können möglich ist, hindern uns Begrenzungen bei der Selbstverwirklichung?

Gut, sie können sinnvoll sein, wenn wir nicht selbstbestimmt leben wollen. Für diejenigen, die sich im Unglück wohl fühlen, lieber jammern als ihr Potential anzugehen. Für diejenigen, die lieber Verantwortung und Macht abgeben, Angst vor unbegrenzten Möglichkeiten haben und lieber in der bekannten Struktur bleiben.

Ja, es kann Angst machen, bekanntes Terrain zu verlassen.

Menschen lieben gewohnte Strukturen. Veränderungen sind zunächst immer mit Unsicherheit verbunden und fühlen sich manchmal nicht besonders gut an. Geht es dir so? Wenn du den Fokus auf das legst, was möglich ist. Ein glückliches Leben, eine erfüllte Partnerschaft, nährende Beziehungen, die eigene Berufung leben statt Arbeiten um zu leben. All das ist möglich, wenn wir tiefer in uns schauen und unsere Begrenzungen erkennen. Ich sehe darin eine Chance, die die Angst deutlich überwiegt.

Wie ist das bei dir?

Ich schlage vor, du machst dir eine Liste mit Punkten, die dafürsprechen und Punkten, die dagegensprechen. Erstmal einfach auflisten, wie sie kommen. Bewerte das nicht, schreibe einfach alle Punkte auf.

In einem zweiten Schritt schau dir deine Punkte an und überlege was der Hintergrund dafür ist.

Dann entscheide dich. Und wenn du dich dafür entscheidest nichts zu ändern, ist das absolut in Ordnung. Es ist weder gut noch schlecht, es ist einfach eine Entscheidung, die du für dich triffst.

Wenn du dich für die Arbeit an dir entscheidest, wird das dauerhafte Wirkungen für dein Leben haben.

Ach, und solltest du den Glaubenssatz haben, meine Entscheidung treffe ich jetzt und dann war es das für immer. Nein, das ist ein Glaubenssatz. Wir haben immer wieder die Möglichkeit uns zu entscheiden :).

8.1 Möglichkeiten Unbewusstes bewusst zu machen

Es gibt unterschiedliche Möglichkeiten Glaubenssätze zu verändern. Ich möchte hier nicht auf alle Möglichkeiten eingehen, sondern die Art und Weise weitergeben, die ich selbst genutzt habe. Das ist jedem Einzelnen möglich, denn wir tragen alles in uns. Ich finde es sehr wichtig herauszufinden, welche Glaubenssätze das eigene Leben prägen.

Um auf tiefsitzende Glaubenssätze zugreifen zu können, braucht man Zugriff auf sein Unterbewusstsein.

Im Folgenden gehe ich näher darauf ein, wie wir auf das zugreifen können, das was wir unbewusst verinnerlicht haben. Wenn alles, was wir erleben auf der Festplatte Unterbewusstsein gespeichert ist, können wir auch alles abrufen. Das ist so. Die Frage ist nur, wie wir an alle Dateien kommen. Auch auf dem PC kann es versteckte Dateien geben, die man erst suchen darf.

Es ist die Arbeit mit uns selbst, die uns Antworten liefert. Hierfür gibt es verschiedene Möglichkeiten. Und das Außen kann uns Antworten geben, denn es ist unser Spiegel und zeigt uns Teile von uns selbst. Im Arbeitsbuch findest du Impulse, wie du deinen Weg finden kannst.

8.1.1   Meditation

Regelmäßige Meditation ist eine Möglichkeit auf Inhalte unseres Unterbewusstseins zuzugreifen. Meditation ist einfach und es gibt verschiedene Formen, wie man meditieren kann. Es ist ein Weg zur Verbindung mit uns selbst. Und ja, vielleicht brauchen wir ein bisschen Zeit uns darauf einlassen zu können. Setz dich hier nicht unter Druck, sondern praktiziere regelmäßig. Sollte es einmal nicht so gut funktionieren, macht nichts. Nicht jeder Tag ist gleich. Was zählt ist die Regelmäßigkeit. Manche nutzen die Stille, andere mögen liebe sanfte

Musik, oder Musik in bestimmten Frequenzen. Wieder andere nutzen lieber geführte Meditationen oder gehen in der Ruhe im Freien. Alles ist möglich und nichts ist falsch. Auch die richtige Länge gibt es nicht, schaue einfach welche Länge die Richtige für dich ist. Es reichen an für sich schon 5-10 Minuten an jedem Tag. Der Zeitaufwand ist also überschaubar. Probiere es aus und finde deinen Weg.

Warum?

In der Meditation lernt man sich selbst besser verstehen und wie man sich beobachtet. Sie stärkt die Achtsamkeit. In der Meditation werden wir eins mit unserem Verstand Wir lernen automatisch uns zu fokussieren, indem wir es üben. Wir bauen dabei Stress ab, indem wir in die Ruhe kommen und lernen unsere Gefühle besser kennen. Alle Gefühle dürfen einfach sein. Es gibt keine positiven oder negativen Gefühle, auch wenn wir diese oft bewerten. Wir dürfen alle Gefühle haben und diese erst einmal annehmen. Danach können wir uns entscheiden, von welchen Gefühle wir mehr in unserem Leben haben wollen. Auch das ist eine Entscheidung. Wir werden bewusster und dadurch treffen wir bessere Lebensentscheidungen. Dadurch erhöht sich unsere Lebensqualität. Wir lernen loszulassen und uns zu entspannen, das wirkt sich direkt auf unseren Körper und damit auf unser Leben aus.

Mit der Mediation hast du ein Werkzeug, dass du nutzen kannst, so wie es in deinen Zeitplan passt und dass dir keine direkten Kosten verursacht. Außerdem benötigt es keinen speziellen Ort. Grundsätzlich kannst du sie überall nutzen, aber vielleicht hast du ja bald einen Lieblingsort dafür.

Meditation ist leicht, lass dich drauf ein und lasse dich überraschen, was sich verändert.

Auch wissenschaftlich ist die Wirkung von Meditation erwiesen. Wer sich hierfür interessiert, dem empfehle ich gerne Dr. Joe Dispenza. Der dies wissenschaftlich untersucht und belegt[20].

---

[20] (Werde Übernatürlich von Dr. Joe Dispenza, siehe Literaturverzeichnis., 2023)

8.1.2   Selbstreflexion

Raus aus dem Funktionsmodus, rein ins bewusste Handeln. Dieser Weg geht über die Reflexion dessen was wir tun. Und natürlich auch darüber, was wir nicht tun. Wir tun nichts ohne Grund. Um den „Hintergründen" auf die Spur zu kommen, dürfen wir uns bewusst damit beschäftigen.

Ich will das an einem Beispiel verdeutlichen. Dich fragt jemand nach Hilfe und du sagst deine Hilfe zu. Insgeheim ärgerst du dich über deine Zusage, denn du hast du keine Zeit dafür und auch keine Energie. Du hast einen vollen Tag und benötigst eigentlich Ruhe für dich. Dennoch sagst du zu.

Weshalb ist das so? Passiert dir das öfter? Was steckt dahinter?

- Hast du Angst vor der Reaktion des anderen?

- Was macht es schwierig Nein zu sagen?

- Was erwartest du in dieser Situation?

Welches Gefühl zeigt sich, wenn du darüber nachdenkst? Kennst du dieses Gefühl aus einer speziellen, früheren Situation?

Nur wenn du darüber nachdenkst und das ins Bewusstsein holst, hast du die Möglichkeit die automatischen Reaktionen zu ändern.

Wenn wir uns nicht kennen, können wir uns auch nicht bewusst für oder gegen etwas entscheiden, sondern handeln nach unseren unbewussten Mustern. Und die haben nichts mit Logik zu tun, sondern mit Sicherheit und Schutz, den sie früher gegeben haben. Heute sind wir erwachsen und dürfen bewusst wählen. Zu unserem eigenen besten Wohl.

Probiere es aus. Es ist ein großartiges Gefühl, herauszufinden weshalb wir nach bestimmten Mustern reagieren. Keine Angst vor den Seiten, die du dabei vielleicht erkennst. Wir dürfen uns mit all unseren Seiten annehmen und dürfen die Sichtweisen transformieren, die uns heute ausbremsen.

Außerdem erhöht dies die Selbstwirksamkeit. Du schaffst das und hast damit Erfolg. Das ist gut fürs Mindset (innere Haltung, Denkweisen, Verhaltensmuster, Überzeugungen) und für die Änderungen, die du vornehmen willst. Du bist der Schöpfer deines Lebens. Das ist großartig, wir übernehmen die Verantwortung für uns und unser Leben.

Nutze dein Potential!

8.1.3 Gedankenbeobachtung

Dieser Punkt ist nicht komplett vom vorherigen abzugrenzen, denn auch er hat mit Selbstreflexion zu tun. Der Fokus ist ein wenig anders.

Gedanken haben Macht. Sie haben Wirkung. Glaubst du nicht?

Ein chinesisches Sprichwort bringt es gut auf den Punkt, daher möchte ich es hier nennen

Achte auf Deine Gedanken, denn sie werden zu Worten.

Achte auf Deine Worte, denn sie werden zu Handlungen.

Achte auf Deine Handlungen, denn sie werden zu Gewohnheiten.

Achte auf Deine Gewohnheiten, denn sie werden Dein Charakter.

Achte auf Deinen Charakter, denn er wird Dein Schicksal.

Die Person, mit der wir am häufigsten (in Gedanken) reden sind wir selbst. Sie sind der Ausgangspunkt unseres Seins. Unsere Gedanken sind selten still.

Achte auf die Gedanken, die dir den ganzen Tag durch den Kopf gehen. Eine gute Übung dafür ist ein kleines Büchlein mit sich zu tragen und sich Stichpunkte zu notieren. So kommen wir unseren inneren Überzeugungen gut auf die Schliche.

Wenn du dir deiner Gedanken bewusst geworden bist, darfst du in die Selbstreflexion gehen und den Prozess damit fortsetzen.

8.1.4 Außen als Spiegel

Achte auf die Situationen, die dir in deinem Leben begegnet. Eines der geistigen Gesetze (Kybalion, geistige Gesetze[21]) ist das Spiegelgesetz „im Innen wie im Außen". Was bedeutet das konkret?

Das Gesetz sagt aus, dass du das, was du im Innen trägst, im Außen erleben wirst. Dadurch kannst du über dein Inneres lernen.

Um es greifbarer zu machen, an einem Beispiel erklärt. Wenn du z.B. immer wieder erlebst, dass Menschen deine Grenzen nicht akzeptieren, dann respektierst du deine Grenzen selbst nicht. Denn du spiegelst nach außen, dass du anderen mehr Wert gibst als dir selbst.

Bist du selbst jemand, der gerne dramatisiert? Dann wirst du genau das auch im Außen finden. Wenn dir das Energie gibt, bleib dabei. Raubt es dir aber Energie, dann darfst du erstmal bei dir selbst schauen und einen anderen Weg finden, um mit dir und deinen Themen umzugehen. Dann wird sich das auch im Außen zeigen.

Auf diese Weise kannst du viel über dich selbst lernen und achtsam mit dir selbst umgehen.

Das Gute ist, du kannst das verändern. Und wenn du dich veränderst, verändert sich alles. Denn alles ist systemisch miteinander verbunden und wenn sich ein Teil des Systems ändert, ändern sich alle anderen Teile auch. Das System muss im eigenen Gleichgewicht bleiben und passt sich daher immer an.

---

[21] (https://de.wikipedia.org/wiki/Kybalion und Literaturverzeichnis, 2023)

8.1.5   Traumtagebuch

Direkt nach dem Aufwachen und direkt vor dem Einschlafen sind die Tore zu unserem Unterbewusstsein weit offen. In unseren Träumen kommen oft Impulse aus unserem Unterbewusstsein, die wir nach dem Aufwachen noch präsent haben. Allerdings nur für einen kurzen Zeitpunkt.

Deshalb empfehle ich dir, leg dir etwas zum Schreiben ans Bett. Wenn du nach dem Aufwachen etwas präsent hast, wovon du geträumt hast, schreib es auf. Mach es direkt und verschiebe es nicht auf später, denn kurz danach wird es wieder sein, wo es vorher war, im Unterbewusstsein.

Wenn du es notiert hast, kann es nicht mehr einfach verschwinden und du kannst darüber nachdenken, wenn du Zeit hast.

Du träumst nicht? Gibt's nicht, jeder träumt. Allerdings erinnern wir uns nicht immer an unsere Träume. Zettel und Stift bereitlegen, ist kein wirklicher Aufwand. Probiere es abends am mit der Intention (Absicht) „ich erinnere mich nach dem Aufwachen an meine Träume". Teste das mal für eine Zeit (mindestens 21 Tage) und gib mir gerne Feedback ob sich etwas geändert hat.

8.1.6   Rituale

Rituale können uns dabei helfen bewusst zu leben. Wenn wir sie bewusst setzen. Sie helfen uns dabei den Alltag zu bewältigen und achtsam zu sein.

Wir alle kennen wahrscheinlich das Gefühl abends kaputt ins Bett zu fallen und uns fragen, wo der Tag geblieben ist. Rituale können dabei helfen, diesen Kreislauf zu durchbrechen. Sie können den Tag strukturieren, um sich bewusst Zeit zu nehmen. Dabei meine ich nicht Rituale wie eine Zigarette nach dem Essen, sondern hilfreiche Rituale. Wenn du ungesunde Rituale hast, kannst du dir überlegen, was dir genau diese Tätigkeit bringt. Was steckt hinter diesem Ritual, oder dieser Gewohnheit?

Die Funktion, die diese Gewohnheiten erfüllen sind identisch. Egal ob sie uns förderlich sind oder nicht. Also mache dir bewusst, was der Hintergrund ist.

Rituale geben uns Struktur und reduzieren Stress. Sie geben Sicherheit und entlasten (wir müssen nicht über alles nachdenken, sondern handeln nach einem bestimmten Schema). Sie können kleine Auszeiten geben und/oder motivieren.

Rituale helfen uns dabei die Programme des Unterbewusstseins zu unterbrechen. Sie lassen uns Innehalten und zum Durchatmen.

Willst du dir Rituale in deinem Leben schaffen? Dann fang nach dem Motto „Weniger ist mehr" an. Nimm dir lieber erst ein oder zwei Dinge vor und mache diese regelmäßig. Wenn du sie in deinen Alltag integriert hast, kannst du neue Rituale mit aufnehmen.

<u>Mögliche hilfreichen Rituale für deinen Alltag</u>

- Lächle dich morgens im Spiegel an und sag dir etwas Nettes über dich selbst

- Führe dein Traumtagebuch

- Sage jedem Tag einer Person etwas Nettes

- Nimm dir Zeit ein Getränk bewusst zu trinken und mit allen Sinnen wahrzunehmen

- Bedanke dich bei dir selbst am Abend, dass du heute das dir Beste gegeben hast

- Führe ein Dankbarkeitstagebuch. Wofür bist du heute dankbar? Ich bin mir sicher du findest etwas.

- Diese Liste darfst du gerne ergänzen

8.2 Kann ich das alles allein machen?

Da gibt es kein richtig oder falsch. Wir sind alle unterschiedlich und haben auch hier unterschiedliche Präferenzen. Grundsätzlich kannst du das allein machen. Du kannst dir auch einen Kurs suchen, oder einen Coach zur Unterstützung, oder auch eine Kombination aus allem Wählen.

Das ist deine persönliche Entscheidung. Sei kreativ und höre in dich, was dein Weg ist. Denk immer daran, du bist der Experte für dich selbst. Wir dürfen wieder anfangen an uns selbst zu glauben und unserer inneren Stimme zu folgen.

Wenn du grundsätzlich alles allein und ohne Hilfe machen möchtest, könnte dies (muss es aber nicht) mit einem Glaubenssatz zu tun haben.

Ich schlage vor, du wählst den Weg, mit dem du dich am wohlsten fühlst und beginnst. Du hast jederzeit die Möglichkeit den Weg zu ändern. Wer a sagt, muss nicht b sagen. Er kann auch erkennen, dass a falsch war und es noch andere Möglichkeiten gibt aus denen man wählen kann.

Die Reise beginnt mit dem ersten Schritt. Weitere Schritte und Möglichkeiten ergeben sich dann und erfordern neue Entscheidungen.

Leg los und lass dich überraschen, was du findest. Da liegen bestimmt jede Menge Schätze in deinem Inneren, die geborgen werden wollen.

KAPITEL 9: KLARHEIT ÜBER SICH SELBST

9.1 Was bringt mir die neue Klarheit?

Bist du auf der Reise zu dir selbst schon unterwegs, oder liest du erstmal das Buch zu Ende?

Egal an welchem Punkt du bist, ein paar Gründe, wofür das gut ist, schaden wahrscheinlich nicht.
Was nützt die Klarheit? Dazu fällt mir spontan ein „funktionierst du noch, oder lebst du schon dein Sein?" Klar können wir funktionieren, dann spulen wir unser Programm ab. Das gibt Sicherheit, aber ändern wird sich nichts. Wenn du dich nicht bewegst, bewegt sich nichts.
Die neue Klarheit schafft Wahlmöglichkeiten. Du kannst wählen welchen Weg du weiter gehen möchtest. Du kannst dich immer noch für den bisherigen Weg entscheiden, wenn du das willst. Aber ohne die Klarheit, hast du gar nicht die Möglichkeit einen anderen zu wählen. Also null Risiko, oder?

Ach, doch ein Risiko? Lass hören.

Du weißt nicht was die Folgen sind und hast Angst vor den Konsequenzen? Ja das ist ein altes Muster. Veränderung ist etwas dem wir zurückhaltend gegenüberstehen. Das ist in Ordnung, das ist „normal". Mut heißt nicht keine Angst zu haben, sondern es trotzdem zu tun. Mit jeder Angst, der du dich stellst, wächst du und hast die Chance dich weiterzuentwickeln. Und letztlich zwingt dich keiner dem zu folgen, das du herausfindest. Du kannst, aber du musst nicht.

9.2 Ändert sich jetzt mein Leben?

Das kommt darauf an. Sorry, ich kann dir keine eindeutige Antwort geben, so wie es nicht nur eine Wahrheit gibt.

Hast du Bedenken, dass dir das bisherige nicht mehr genügt und du Gewohntes loslassen willst? Ja das kann sein, aber es ist deine Entscheidung, die du bewusst treffen kannst. Keiner zwingt dich zu etwas. Du bist der Schöpfer deines Lebens, daher darfst du die Verantwortung übernehmen.

Stell dir vor, du entdeckst ohne die Beschränkungen einen Herzenswunsch. Oder ein Kindheitstraum kommt wieder an die Oberfläche. Stell dir vor, du hast diesen verwirklicht. Wie fühlt sich das an?

Ich sage dir aus meiner Erfahrung – denn ich folge mit diesem Buch einem Kindheitstraum, der sich bisher unerreichbar angefühlt hat – das fühlt sich großartig an, ich bin glücklich. Und alle Bedenken – ja die habe ich auch – überwiegen dieses Gefühl nicht. Und einmal angefangen, weiß ich, dass ich diesen Traum verwirklichen werde. Nur für mich. Denn wenn ich es nicht mache, ändert sich nichts.

Wenn ich es mache, kenne ich das Ergebnis nicht. Kommt das Buch an oder nicht. Das ist in dem Moment nicht wichtig. Ich folge meiner inneren Wahrheit und keine andere ist für mich wichtig.

Es ist mein Leben, sonst niemand lebt es für mich. Und nur ich muss damit zufrieden sein. Wir sind nicht auf der Welt, um andere glücklich zu machen. Aber wir haben Verantwortung für uns selbst und dürfen uns selbst glücklich machen. Glücklich zu leben ist meiner Meinung nach unser Lebenszweck. Ich bin davon überzeugt, wir alle kennen unsere persönliche Wahrheit. Vielleicht versteckt sie sich unter Prägungen und Erfahrungen, die wir gemacht haben. Aber es lohnt sich, sie zu finden.

9.3 Gibt es Risiken?

Du lernst dich sehr gut kennen, ich finde das nicht riskant. Wenn du Angst vor dir selbst hast, ist es besser du kennst deine positiven und negativen Seiten.

Die Seiten sind ohnehin da. Entweder man kennt sie, kann sich bewusst entscheiden, ob man sie so lässt und annimmt oder ob man daran arbeiten möchte. Oder aber man kennt sie nicht, sie wirken trotzdem. Also hast du eigentlich wenig Risiko, finde ich.

Alles im Leben hat ein gewisses Risiko. Wie bewertet man denn Risiko oder als reale Gefahr? Als eine Art Ungewissheit? Nun, nichts im Leben ist gewiss. Als Gefahr? Dann kannst du schauen welcher Glaubenssatz deine Sicht auf das Leben bestimmt. Gibt es eine Veränderung in deiner

Vergangenheit, die dir reale Gefahr für dein Leben gebracht hat? Oder deinen Eltern?

Was ist das schlimmste, das aus einer Veränderung für dich entstehen kann? Versuche es in Worte zu fassen. Und dann betrachte es mit dem Verstand. Sind diese Ängste realistisch? Welche Veränderungen in deinem Leben hast du schon erfolgreich gemeistert? Hattest du im Vorfeld Angst? Und was waren die Folgen? Sind diese Ängste tatsächlich eingetreten?

Im Gegenzug solltest du auch überlegen, was das Beste ist, was passieren kann, wenn du den Schritt machst. Und ebenfalls näher betrachten.

Für mich waren diese Ängste meist viel schlimmer als die Situation. Sie wurden allein dadurch weniger, als ich begonnen habe den Weg zu gehen.

Erfahrungen, die persönliches Wachstum ermöglichen, sind nur möglich wenn man gewohnte Wege verlässt. Ob Du das machst, entscheidest du.

Zu Risiken und Nebenwirkungen frage mal dein inneres Kind, es freut sich auf Abenteuer und ist offen für neue Erfahrungen. Ich mag das Motto, es gibt nichts Gutes, außer man tut es.

Ich glaube an Wunder. Und du?

Wir haben so viele Möglichkeiten zu wählen, wie es Sterne am Himmel gibt. Wir können den hellsten und glitzernden wählen, oder einen kleinen. Welchen wir wählen bleibt uns überlassen.

KAPITEL 10: AUFBAU FÖRDERLICHER GLAUBENSSÄTZE

Wir sind unser schärfster Kritiker. Mit keinem Freund sprechen wir so, wie wir es ab und an mit uns selbst machen. Weshalb das so ist und wie wir unsere Glaubenssätze finden können, sollte jetzt deutlich sein.

Gehen wir einen Schritt weiter und schauen, wie wir hinderliche Glaubenssätze loslassen und neue, förderliche Glaubenssätze aufbauen.

10. 1 Hinderliche Glaubenssätze loslassen

Hinderliche Glaubenssätze lassen wir oft schon damit los, wenn wir bewusst verstehen, woher sie kommen. Dann sind sie im Bewusstsein und können vom Verstand bewertet werden. Sobald sie im Bewusstsein sind, werden wir sie auch wieder erkennen, wenn sie nochmals wirken.

Ein Ritual kann beim Loslassen helfen. Scheibe dir alle deine hinderlichen Glaubenssätze auf Zettel. Jeden auf einen.

Dann erde dich. Dafür stellst du dich ohne Schuhe mit beiden Füßen fest auf den Boden und spürst wie deine Fußsohlen den Boden berühren. Stelle dir vor, dass du fest mit dem Boden verbunden bist.

Alternativ kannst du auch meditieren oder etwas anders wählen, was dich bewusst zur Ruhe und zu dir selbst kommen lässt.

Für das Ritual nimm dir eine feuerfeste Schale, schaffe dir eine sichere Umgebung, oder geh ins Freie. Nimm dir den ersten Zettel, lies deinen Glaubenssatz nochmals durch und sage dir selbst, ich lasse diesen Glaubenssatz los. Ich verabschiede ihn und lasse ihn ziehen. Dann zünde den Zettel an und lasse ihn komplett verbrennen.

Nachdem der Zettel verbrannt ist, bedanke dich bei dir selbst, dass du den Glaubenssatz losgelassen hast und du ab sofort frei von ihm bist.

So kannst du mit allen deinen Glaubenssätzen vorgehen.

10.2. Förderliche Glaubenssätze aufbauen

Wie baust du dir neue Glaubenssätze auf?

Zunächst darfst du dir alle, dir bereits förderlichen Glaubenssätze anschauen, die du schon hast. Sei dankbar für diese Glaubenssätze.

Dann überlege dir in einem nächsten Schritt, nach welchen Glaubenssätze du nun leben möchtest.

Notiere sie dir und lege die Liste zunächst weg. Schau dir die Liste am nächsten Tag nochmals an und prüfe, ob die Liste so für dich stimmig ist. Wenn nicht, ändere sie ab. Achte auf deine Formulierung. Glaubenssätze sind in der Gegenwart und positiv formuliert.

Dies können beispielsweise sein:

- ich bin gesund

- ich schaffe alles

- ich bin genug

- etc.

Wandle negativen Formulierungen und auf die Zukunft gerichtete Formulierungen, wie ich werde gesund, um. Das ist nicht hilfreich, denn wir wollen ein Selbstverständnis implementieren, unser Ziel soll quasi schon da sein.

Wenn du damit Probleme hast, dir das Ziel schon als erreicht vorzustellen nutze Formulierungen wie „es geht mir immer besser und besser", wenn du das verinnerlicht hast, kannst du auf die komplett positive Zielformulierung wechseln.

Wir nutzen eine Eigenart des Unterbewusstseins, die uns beim Aufbau neuer Glaubenssätze hilft. Was wir oft genug, am besten mit Emotionen besetzt, immer wieder hören, glauben wir irgendwann und nehmen es als Wahrheit an.

Um zu beginnen, wähle den ersten Glaubenssatz, der Teil deines Lebens wird. Notiere ihn dir auf ein besonders schön gestaltetes Blatt. Nimm dir Zeit dafür. Im Arbeitsbuch hast du ein paar Vorschläge hierzu. Entscheidend ist, diesen Satz regelmäßig für dich zu wiederholen. Stelle dir dabei vor, wie wunderbar du dich mit dieser Sicht auf das Leben fühlst. Mache das mit der Überzeugung, dass das Ziel schon erreicht ist.

Tipp: Nutze dafür auch die Plätze, die du regelmäßig aufsuchst. Z.B. durch eine Klebenotiz am Spiegel in der Toilette, oder auf dem Mobiltelefon. Nutze deine Kreativität, welche Möglichkeit fällt dir ein? Wichtig ist, dass du den Satz immer wieder wiederholst und dabei fühlst, wenn es bereits eingetreten ist. Wenn es dir hilft, kannst du dir auch Erinnerungen im Kalender einrichten.

Neue Gewohnheiten brauchen Zeit, bis sie integriert wurden. Es dauert ca. 21 Tage. Das gilt auch für Annahmen über uns selbst und das Leben, also Glaubenssätze.

Vielleicht kennst du Affirmationen (Aussagen über eine Situation/Handlung, die wir positiv bewerten) analog kann man den Aufbau positiver Glaubenssätze betrachten. Wir benötigen also mindestens 21 Tage zum Aufbau.

Da wir auf Nummer sicher gehen wollen, nutzen wir 30 Tage, also einen Monat. Diesen Monat lang sagst du dir jeden Tag diesen Satz, während du in das Gefühl gehst. Gehe achtsam durch diesen Monat und schau, ob sich in deinem Leben etwas ändert. Erwarte nichts, lass dich einfach überraschen.

Im zweiten Monat nimmst du dir den nächsten Glaubenssatz und gehst identisch vor.

Es dauert eine Weile, bis man alle gewünschten Glaubenssätze integriert hat. Aber bedenke wie viele Jahre du mit deinen aktuellen Glaubenssätzen gelebt hast. In dieser Relation ist die Zeit überschaubar. Änderungen benötigen Zeit. Besonders wenn sie dauerhaft wirken sollen.

Nutze diese Zeit und übertreibe es nicht. Langsam, dafür stetig und erfolgreich integriert. Der Erfolg wird sich einstellen

Tipp: Nutze den Glaubenssatz „ich bin erfolgreich bei allen meinen Vorhaben".

Und dann ist es wie bei allem, einfach tun. Aber wirklich tun. Ohne Handlung, wird sich nichts ändern.

Sei dankbar, nimm dir täglich dafür Zeit. Fühle Dankbarkeit, dass du an dir selbst arbeitest. Du bist das Wertvollste in deinem Leben.

Dankbarkeit ist ein hoch schwingendes Gefühl. Dankbarkeit regen das Gehirn – genauer den Hypothalamus – an. Dieser wirkt auf unseren Körper über den Stoffwechsel, Schlaf, Appetit usw. Da er auch mit der Hypophyse verbunden ist, wirkt er auch auf unsere Emotionen. Wir werden mit einem Glücksgefühl belohnt, wenn wir dankbar sind.

Sei achtsam und freue dich über deine Erfolge, egal wie groß sie sind. Achtsamkeit hilft uns dabei auch kleine Änderungen wahrzunehmen. Wenn du möchtest, führe in dieser Zeit ein Tagebuch und notiere dir ein paar Stichpunkte über die jeweiligen Tage. Was lief gut? Wie hast du dich gefühlt?

Und wenn es einmal nicht so funktioniert, sei nachsichtig mit dir selbst. Auch kleine Schritte führen nach vorne.

KAPITEL 11: DEIN NEUES ICH UND WAS FOLGT DARAUS.

11.1 Bist du Schöpfer deines Seins?

Was regt sich in diesem Satz bei dir?

Freude oder ein schlechtes Gewissen? Egal was du spürst, es kann dir etwas über dich selbst sagen, schau hin. Du bist immer Schöpfer deines Lebens, die entscheidende Frage ist, was erschaffst du aktuell?

Dein aktuelles Leben ist die Folge deiner Gedanken in der Vergangenheit. Daher kannst du an deiner aktuellen Situation, ob du Gedanken hast, die dir nicht förderlich sind.

Klingt in der Theorie einfach und schlüssig, aber ist in der Praxis nicht umsetzbar?

Doch es ist umsetzbar, es benötigt Willen, Disziplin und Achtsamkeit. Aber ich finde es lohnt sich. Ich habe das Thema dieses Buches nicht ohne Grund gewählt. Ich habe lange nach dem unbewussten Fahrplan nicht förderlicher Glaubenssätze, bzw. gesteuert aus dem Unterbewusstsein, gelebt.

Meine Reise war unbewusst. Ich war (fast) immer darauf bedacht anderen zu gefallen, Konflikte zu vermeiden und mich irgendwie durchzuschlängeln, anzupassen und nur im Ausnahmefall zu positionieren. Allerdings war mir das nicht bewusst, ich habe mich die meiste Zeit tatsächlich zufrieden und positiv gefühlt. Zum Glück.

Allerdings hat sich das bei mir in verschiedenen Problemen gezeigt. Ich war permanent im Funktionsmodus, hatte viele Jahre lang Migräne, Magenprobleme und war chronisch erschöpft. Denn ich hatte u.a. die Glaubenssätze, ich muss für andere da sein und andere sind wichtiger als ich selbst. Entsprechend dem Spiegelgesetz habe ich genau das auch im Außen erlebt und so kam ich definitiv an meine Grenzen.

Außerdem habe ich immer wieder erlebt, dass mir andere nicht den Wert geben, den ich so dringend im Außen gesucht habe. Aber das konnten sie natürlich nicht, denn ich selbst habe mir den Wert ja nicht gegeben.

Dieser Erkenntnisprozess hat mit sehr geholfen, denn ansonsten rennen wir wie die Hamster im Rad. Das Rad dreht sich immer schneller, aber wir können nie dort ankommen, wo wir hinwollen. Denn alles beginnt in uns selbst.

Nachdem ich an meine Grenzen kam – und das kam ich mehrmals, da mir eine Schleife nicht gereicht hat – gab mir mein Körper die Auszeit. So eine Auszeit gibt einem immer die Chance sich seinen Themen zu stellen. Krank kann man weder weglaufen noch sich ablenken.

Mein Weg hat mich in meine inneren Tiefen geführt. Mir wurde Stück für Stück klar, was mich antreibt und was meine Besonderheiten sind. Woher kam es, dass ich mein stärkster innerer Kritiker war, und nichts von dem was ich getan habe gut genug war?

Natürlich war es nicht immer einfach erkennen und anzunehmen. Aber das ist der erste Schritt. Und er lohnt sich. Ich nenne es gerne den Bodengrund des Brunnens. Wir tauchen dort ein und finden Teile von uns, die uns – zumindest bewusst – nicht bekannt sind.

Die dürfen wir anschauen. Dabei lassen wir Themen wie Schuld oder Scham weg, denn wir bewerten nicht. Wir nehmen nur wahr. Liebevoll und verständnisvoll. So als ob wir auf unsere beste Freundin oder unseren besten Freund schauen. Schuld und Scham sind die Energie, die am niedrigsten schwingen, daher dürfen wir diese langfristig aus unserem Leben entlassen.

Also wir schauen unsere Themen an und holen sie ins Bewusstsein. Das ist der wichtigste Schritt. Dann arbeiten wir daran sie loszulassen, Methoden hast du dafür an die Hand bekommen. Wenn du Hilfe brauchst, melde dich gerne bei mir.

Wenn du dabei weinen musst, lass es zu. Tränen sind Wasser und Wasser ist immer Reinigung. Wenn du wütend wirst, spüre die Wut und lass sie dann los. Wir dürfen alle Gefühle fühlen, kein Gefühl ist schlecht.

Das ist der Weg, den ich gegangen bin und er hat mich zu einem anderen Menschen gemacht. Ist das ein besserer Mensch? Nein, Bewertungen dürfen wir weglassen. Besser oder schlechter gibt es immer nur im Vergleich mit anderen. Vergleiche können wir ebenfalls aus unserem Leben streichen, Vergleiche kommen immer aus dem Ego.

Also ein anderer Mensch, ja. Ich bin mit mir verbunden und traue mich groß zu denken. Ich traue mich meinen Impulsen und Träumen zu folgen.

Ich schreibe dieses Buch. Ein Buch schreiben ist mein Kindheitstraum. Weshalb habe ich das noch nicht gemacht? Angefangen habe ich schon mehrfach, aber immer wieder abgebrochen. Nun, ich habe meinen Traum und damit mich nicht wichtig genug genommen.

Ich habe die Wünsche und Bedürfnisse anderer Menschen vor meine eigenen gesetzt und habe versucht es anderen recht zu machen. Versucht habe ich bewusst geschrieben, denn ich hatte keine Chance es irgendjemandem Recht zu machen, weil ich mich selbst nicht für genug gesehen habe. Und vermutlich habe ich tief in mir auch gedacht, das

schaffe ich nicht, oder das bringt doch nichts. All das hat aber rein gar nichts mit den anderen Menschen zu tun, sondern nur mit mir selbst.

Ich bin achtsamer geworden, ich höre die Impulse und Bedürfnisse meines Körpers und meiner Seele. Ich nehme mir Zeit für mich und bin deutlich angebundener. Ich nehme meine Wünsche und Träume wichtig und habe wieder ein Funkeln in den Augen. Ich sehe die Chancen im Tag und freue mich auf jeden. Ich bin deutlich weniger müde, bzw. wenn ich müde bin, gönne ich mir ausreichend Erholung und erledige nicht vorher noch x und y und z. Das hatte mit meinen Glaubenssätzen zu tun.

Natürlich hat sich mein Umfeld verändert. Weshalb das so ist, erkläre ich bei den Kosmischen Gesetzen/Hermetischen Prinzipien[22]. Und auf den ersten Blick war nicht alles positiv, es war teilweise schmerzhaft.

---

[22] Siehe nächstes Kapitel

Glücklich und frei Leben

Aber wenn man seine Sicht für das Leben ändert, ist klar, dass Schmerz, loslassen, Veränderung Teil des Lebens ist.

Wir sind auf der Welt, um glücklich zu sein. Das was zu uns passt kommt zu uns. Manches bleibt für immer, anderes für eine bestimmte Zeit. Alles macht Sinn und für alles dürfen wir dankbar sein. Und immer wenn etwas geht, kommt auch etwas anderes zu uns. In diesem Bewusstsein dürfen wir nach vorne gehen.

Zusammengefasst kann ich sagen, ich bin mit mir im Reinen. Ich bin authentisch und folge meinen Wünschen und Zielen. Ich bin nicht perfekt, aber das muss ich auch nicht sein. Ich bin verbunden mit wunderbaren Menschen und dem Universum und ich traue mir wieder selbst. Durch die Rückverbindung mit mir selbst, kann ich meinen Wert und meine Kraft in mir finden und damit bin ich relativ unabhängig vom Außen.

Wenn du Fragen hast, melde dich gerne. Kontaktdaten findest du am Ende.

Ich möchte mit meiner Geschichte Mut machen. Denn wenn ich das schaffe, kannst du es auch schaffen.

Frieden in der Welt finden wir, wenn jeder Frieden mit sich selbst schließt und mit sich im Reinen ist, davon bin ich überzeugt. Daher möchte ich meinen Beitrag dazu leisten. Als Coach gebe ich gerne mein Wissen weiter und zeige mich.

Ich verlasse damit meine Komfortzone und baue auch einen neuen Glaubenssatz damit auf.

Ich bin nicht außergewöhnlich begabt oder sehe mich als Mittelpunkt der Welt. Ich möchte authentisch leben und mich für die Dinge einbringen, für die ich brenne. Ich glaube, wenn das jeder macht, wird die Welt ein besserer Ort, denn Glück potenziert sich. Der erste Schritt dazu ist bewusst mit sich selbst umzugehen und über sich selbst zu lernen. Dazu soll das Buch einen Beitrag leisten.

11.2 Hermetische Prinzipien

Das Kybalion[23] ist ein Hauptwerk der Hermetik, eine Sammlung von Lehren die früher weitergegeben wurden. Es enthält die Hermetischen Prinzipien, die Gesetzmäßigkeiten von Bewusstsein, Kosmos und Vorgängen im Universum. Die konkrete Bedeutung des Wort Kybalion ist im Laufe der Jahrhunderte verloren gegangen, die Lehren wurden jedoch weitergegeben und finden sich in verschiedenen Glaubenssystemen wieder. Sie können als Grundlage für die persönliche Weiterentwicklung, die Suche nach Glück und Wahrheit.

Die Prinzipien sind

Prinzip der Mentalität – alles ist vom Geist bestimmt.

Wir sind Schöpfer unseres Lebens, alles entsteht erst im Geist. Das Universum selbst ist neutral und nimmt die Energie wahr. Alles ist Energie, auch unsere Gedanken: Entsprechend der ausgesandten Signale erhalten wir unser Ergebnis. Gedanken schaffen und wir erschaffen unsere Realität anhand unserer Gedanken. Und entsprechend der Intensität unserer Gedanken und Wünsche kann man

sich die Energieintensität vorstellen, die ausgesendet wird. Da das Universum neutral ist, unterscheidet es nicht nach positiv und negativ, oder hilfreich und nicht hilfreich. Es macht Sinn auf seine Gedanken achten und bewusst zu agieren.

Prinzip der Entsprechung – Wie oben so unten, wie unten so oben.

Diese Entsprechung kann man erweitern. Wie innen, so außen. Wie im Kleinen so im Großen. Die Welt ist ein Spiegel in beide Richtungen. Daher können wir uns selbst verändern und verändern damit alles andere. Was denkst du über andere? Das sagt dir etwas über dich selbst.

Prinzip der Schwingung – alles schwingt, nichts ist ruhig.
Das Leben ist Veränderung und wenn das Pendel nach rechts ausschlägt, schlägt es genau so weit auch nach links aus. Bleib flexibel, so kannst du dich mit dem Wind wiegen. Wenn du dich nicht mit bewegst, könntest du zerbrechen, wenn der Wind stärker wird.

---

[23] Siehe Fußnote 21 und Literaturverzeichnis

Prinzip der Polarität – alles hat zwei Gegensätze/zwei gegenüberliegende Seiten. Diese Gegensätze gehören zusammen unterscheiden sich nur in der Ausprägung.

Wenn wir die Welt betrachten, gehören beide Seiten immer zusammen und können nur miteinander existieren. Licht können wir nur erkennen, weil es auch Dunkelheit gibt. Liebe nur, weil es auch Hass gibt. Diese beiden Seiten gehören zusammen und bilden die Enden einer Skala anhand der Schwingungsfrequenz. Daher können wir aus der Wertung gehen und in die Wahrnehmung kommen.

Prinzip der Rhythmen – alles fließt und hat seine Zeit.
Grundsätzlich strebt alles nach Harmonie und ist in Bewegung. Daher dürfen wir uns im Loslassen üben. Wichtige Punkte sind: Geben und Nehmen. Bist du hier im Ausgleich? Kannst du loslassen? Das Leben ist ein ständiges Geben und Nehmen. Daher kommen Dinge zu uns, wenn wir auch geben können. Wenn wir Liebe geben, bekommen wir auch Liebe zurück.

Prinzip von Ursache und Wirkung – Alles folgt Gesetzen. Es gibt keinen Zufall.

Mit unseren Gedanken und Handlungen setzen wir Ursachen. Anhand der Ursachen erhalten wir unser Ergebnis. Anhand der Energie, die wir

setzen erhalten wir Wirkungen. Gleiches erzeugt immer Gleiches. Daher gibt es einen Zufall im klassischen Sinne, sondern uns fällt das Ergebnis unserer Wirkung zu. Auf dieser Idee basiert auch der Gedanke des Karmas. Wenn wir uns bewusst für Vertrauen und Liebe entscheiden und entsprechend handeln, werden wir entsprechende Ergebnisse bekommen. Also sei geduldig und achtsam und übernehme Verantwortung für dich und dein Leben.

Prinzip des Geschlechts – Alles hat das weibliche und männliche Prinzip in sich.

Wir dürfen beide Seiten in allem annehmen und zu einer Einheit bringen. Lebe beide Anteile und bringe sie in ein Gleichgewicht. Wenn wir in unserem Gleichgewicht sind, sind wir in unserer Mitte.

Diese Gesetze gelten universell und uneingeschränkt. Dabei ist es nicht wichtig, ob man diese Gesetze kennt oder nicht. Wenn wir uns dieser Prinzipien bewusst sind, erhöht sich unser Verständnis und wir können sie aktiv nutzen. Das ist ein Schritt des Bewusstwerdens welcher uns eine neue Sicht auf das Leben und unser Handeln ermöglicht.

11.3 Auswirkungen auf unser Leben

Wie fügt sich das zu einem Ganzen?

Zusammengefasst kann man sagen,

- was wir in uns tragen, werden wir auch erleben

- wenn wir glücklich sind, werden wir Glück finden

- wir entscheiden immer – und damit liegt die Verantwortung komplett bei uns
  - welche unserer Seiten wir zeigen
  - was fühlen wir
  - nehmen wir alles in uns an

- wie wirken wir (auf andere und aufs Ganze)

- alles was wir tun wirkt auf alles

- Bewertungen machen keinen Sinn, denn alles gehört zusammen

- wenn wir uns verändern, verändern wir die Welt, denn letztlich sind wir alle systemisch miteinander verbunden

So betrachtet sind wir mächtig. Wenn wir unsere Macht annehmen und aus der Liebe handeln, machen wir die Welt zu einem besseren Ort.

Damit schaffen wir viel mehr, als nur für uns selbst und können aktiv die Welt mitgestalten. Wie ist die Welt, in der du leben möchtest? Welche Werte und was für ein „Miteinander" möchtest du?

Fangen wir bei uns an. Damit verändern wir alles.

Ich möchte in einer Welt voller Liebe leben. Du auch? Liebe ist bedingungslos. Sie ist weder an Erwartungen noch an Bedürfnisse geknüpft. Mit dieser bedingungslosen Liebe dürfen wir bei uns selbst beginnen.

Um uns selbst bedingungslos zu lieben, dürfen wir uns unser selbst bewusst werden/sein. Und daher beginnt diese Reise, wie alle anderen auch, bei uns selbst.

Niemand kann diesen Weg für uns übernehmen. Wir gehen ihn, wenn wir dazu bereit sind. Manche geben gerne anderen die Schuld für bestimmte Dinge in ihrem Leben, weil es manchmal auf den ersten Blick einfacher ist. Wenn wir uns mit dem Grundsätzlichen beschäftigen, werden es aber immer wir selbst sein, die Ursachen für etwas setzen. Die Gründe liegen häufig im Unterbewusstsein.

Wenn wir diese Spirale durchbrechen und die Verantwortung für unser Leben übernehmen, dürfen wir bei uns selbst anfangen.

---

[24] (https://pixabay.com/de/photos/m%c3%a4dchen-kreuzung-auswahl-weg-2573111/, 2023)

Es ist gut, wenn wir glücklich und im Frieden mit uns selbst leben. Denn jede Emotion schwingt in einer bestimmten Frequenz und die stahlt nach außen. Hast du schon einmal erlebt, dass schlechte oder gute Laune einer anderen Person bei einem Treffen auf dich übergeht?

So können wir nach außen strahlen und auf diesem Weg wirken. Außerdem werden wir unabhängig von Vorgängen aus dem Außen, wenn wir unser Friedens- und Liebeszentrum in uns selbst finden.

Für mich ist das wichtig, denn es ist für mein seelisches Wohlbefinden wesentlich in Frieden mit mir selbst zu leben.

KAPITEL 12: AUSBLICK

Wir sind fast am Ende unserer gemeinsamen Buchreise angekommen. Wie geht es dir jetzt?

Mein Ziel war, dir einige Ansätze zur Arbeit mit dir selbst anzubieten. Konntest du diese finden?

Lass die Inhalte wirken. Danach komme ins Handeln. Ich hoffe das Buch hat bald deutliche Gebrauchsspuren, denn es wirkt durch die Arbeit damit.

Oft genügt es sich Muster ins Bewusstsein zu holen. Nach und nach kommen Ideen oder Impulse aus dem Unterbewusstsein nach oben. Deshalb, achte genau auf das, was sich in dir zeigt.

Schau hin. Dein Unterbewusstsein schickt dir Hinweise. Wir dürfen wieder lernen unseren Impulsen zu vertrauen. Nichts passiert durch Zufall, es fällt uns zu. Jetzt kommt es darauf an, wie du damit umgehst. Hörst du hin? Arbeitest du mit deinem Verstand daran weiter?

Das ist ein guter Weg. Wir sind nicht in einem Wettbewerb, daher nimm dein ganz persönliches Tempo an. Wichtig ist, dass wir es angehen. Die Geschwindigkeit bestimmst du selbst.

Jeder Schritt lohnt sich. Freue dich über jeden Schritt, egal wie groß er ist. Unser Glaubenssystem hat sich in der Regel über viele Jahre entwickelt. Wir haben das System unserer Familie noch in uns. Also geben wir uns Zeit und Geduld die Strukturen zu erkennen und aufzulösen.

Noch etwas Schönes und Magisches. Was wir bei uns auflösen, wirkt auf die ganze Ahnenlinie. Die Erklärung hierfür ist komplett logisch, es ist Physik. Alles ist Energie, auch Gedanken und Glaubenssysteme sind Energie. Wenn wir diese auflösen/umwandeln, dann ist dies allgemein und überall gültig. Energie kennt weder Zeit noch Raum.

Und damit legen wir einen Samen für eine neue Welt. Dabei können wir uns darüber klar werden, in welcher Welt wollen wir leben?

Hierüber lohnt es sich nachzudenken. Und entsprechend zu handeln. Wir sind die Schöpfer unseres Lebens, immer.

Daher können wir uns bewusst dafür entscheiden, was wir schöpfen wollen. Dabei dürfen wir das Ego weglassen, sondern uns vom Herzen führen lassen. Was wünschen wir uns als liebendes, menschliches Wesen?

Liebe ist die stärkste Kraft. Liebe kann alles heilen und schützt. Nutzen wir diese Kraft, sie beginnt damit, dass wir uns selbst heilen und in Liebe annehmen.

EXKURS ÜBERBEWUSSTSEIN

Wie am Anfang des Buches angekündigt möchte ich noch auf den Begriff des Überbewusstseins eingehen. Das Überbewusstsein ist eine höhere Ebene des Bewusstseins. Es hat unbegrenztes Potential, existiert außerhalb von Raum und Zeit. Es umfasst alles und wertet nicht. Zugang bekommen wir in der Regel über unsere Intuition.

Wir wissen bestimmte Dinge, ohne Erfahrungen damit gesammelt zu haben. Das Wissen ist trotzdem vorhanden. Wenn wir Gedanken und Wissen als Energie betrachten, geht diese nie verloren. So ist jedes Wissen vorhanden, wir müssen nur darauf zugreifen. Da wir alle miteinander verbunden sind, ist prinzipiell auch jedes Wissen abrufbar. Kennst du folgende Situation? Du hast das Gefühl, jemanden geht es nicht gut und hinterher stellt sich heraus, dass du Recht hattest? Oder du kommst definitiv an einen Ort, an dem du noch nicht warst, weißt aber genau wie es hinter der nächsten Kurve weitergeht?

Genau diese Situationen sind mit dem Verstand nicht erfassbar. Ich glaube es gibt keine Zufälle im klassischen Sinne. Was wir Zufall nennen, fällt uns meiner Meinung nach zu. Wir können auf das kollektive Überbewusstsein zugreifen, dafür müssen wir entspannt sein. Denn genau dann kommen unsere Gehirnwellen in die Frequenz, in welcher das möglich ist. Eine Methode hierzu habe ich früher im Buch erläutert. Es gibt selbstverständlich noch weitere Wege als den von mir aufgezeigten. Entscheidend ist achtsam zu leben, damit wir wahrnehmen können.

Eine Bitte

Am Ende des Buches habe ich eine Bitte an dich. Ich würde mich sehr über dein Feedback freuen. Wie ist es dir mit dem Buch ergangen? Weiterentwicklung und Veränderung ist Teil des Lebens, daher interessiert mich deine Meinung, um mich verbessern zu können.

Konntest du hilfreiche Ansätze finden?

Hat dir etwas gefehlt?

Hast du noch Fragen?

Melde dich gerne bei mir. Kontaktinformationen findest du am Ende des Buches. Ich freue mich über Feedback, Anregungen und deine Entwicklung bei der Anwendung der Tipps.

Ergänzend zum Buch biete ich ein Arbeitsbuch mit zusätzlichen hilfreichen Übungen und in Kürze ein Kartenset mit Impulsen zum Eintauchen in dich selbst an. Bei Interesse findest du einen Link zum Angebot unter den Kontaktdaten.

SCHLUSSWORT

Wir tragen alle ein helles Licht in uns. Lassen wir es scheinen und erschaffen so ein Lichtnetz aus Bewusstsein, Liebe und Glück.

DANKE

Ich danke allen, die mich auf meiner Buchreise unterstützt haben, egal auf welche Weise. Der Weg von der Idee zur Fertigstellung war ein kurzer. Danach kam das Projekt nochmals ins Stocken, danke an Annett Kreil, meine Lektorin, für den Schubs, das Buch doch noch in Druckform zu bringen. Und danke an alle, die mir Ihre Einschätzung zum Inhalt gegeben haben und mich bei der Erstellung und der Auswahl des Covers gegeben haben.

WEITERÜHRENDE LITERATUR

Dispenza, Dr. Joe (2020). Ein neues Ich: Wie Sie Ihre gewohnte Persönlichkeit in vier Wochen verwandeln können. KOHA-Verlag: 12. Auflage.

Dispenza, Dr. Joe (2017). Werde übernatürlich: wie gewöhnliche Menschen das Ungewöhnliche erreichen. KOHA-Verlag.

Drei Eingeweihte, Walker, Atkinson, William (2011). Kybalion - Die 7 hermetischen Gesetze: Das Original. Aurinia Verlag; 10. Aktual. Edition.

Huber, Christian (2013). Der Code: Der neue Weg zum positiven Denken. Kastner, 7. Edition.

Murphy, Dr. Joseph (2016). Die Macht Ihres Unterbewusstseins: Das Original. Ariston.

Murphy, Dr. Joseph (2008). Das Erfolgsbuch: Wie Sie alles im Leben erreichen können. Ullstein Buchverlag: 1. Auflage.

Robbins, Mel (2018). Die 5 Sekunden Regel: Wenn du bis 5 zählen kannst, kannst du auch dein Leben verändern. TOPP; 1. Edition.

Watzlawick, Paul (2003). Anleitung zum Unglücklichsein. Piper Verlag: 13. Auflage.

QUELLENVERZEICHNIS

http://www.netschool.de/ler/delese1.htm. (2023).

https://de.wikipedia.org/wiki/Gesetz_der_Anziehung. (2023).

https://de.wikipedia.org/wiki/Kybalion und Literaturverzeichnis. (2023).

https://de.wikipedia.org/wiki/Maslowsche_Bed%C3%BCrfnishierarchie. (2023).

https://de.wikipedia.org/wiki/Pawlowscher_Hund. (2023).

https://de.wikipedia.org/wiki/Psyche. (kein Datum).

https://de.wikipedia.org/wiki/Pygmalion-Effekt. (2023).

https://de.wikipedia.org/wiki/Selbsterf%C3%BCllende_Prophezeiung. (2023).

https://pixabay.com/de/illustrations/eisberg-wasser-blau-ozean-eis-1421411/. (2023).

https://pixabay.com/de/illustrations/erfolg-stufenweise-karriere-person-4578800/. (2023).

https://pixabay.com/de/illustrations/gehirn-hirn-gesicht-baum-%c3%a4ste-4512304/. (2023).

https://pixabay.com/de/illustrations/gesicht-seele-kopf-rauch-licht-622904/. (2023).

https://pixabay.com/de/illustrations/listen-machen-papier-checkbox-6131213/. (2023).

https://pixabay.com/de/illustrations/mann-frau-fragezeichen-probleme-2814937/. (2023).

https://pixabay.com/de/illustrations/mond-frau-silhouette-meditation-1815984/. (2023).

https://pixabay.com/de/illustrations/psychologie-gehirn-denken-kopf-6852458/. (2023).

https://pixabay.com/de/photos/erwachsenenbildung-buch-b%c3%bccher-2706977/. (2023).

https://pixabay.com/de/photos/m%c3%a4dchen-kreuzung-auswahl-weg-2573111/. (2023).

https://pixabay.com/de/photos/psychologie-psyche-maske-2706902/. (2023).

https://www.spektrum.de/lexikon/neurowissenschaft/dreieiniges-gehirn/3014. (2023).

https://www.wortbedeutung.info/Psyche/. (kein Datum).

Werde Übernatürlich von Dr. Joe Dispenza, siehe Literaturverzeichnis. (2023).

BEISPIELE FÜR GLAUBENSSÄTZE

Jeder dieser Glaubenssätze kann positiv und negativ formuliert werden. Ich nutze die positive Formulierung. Die negative sagt das Gegenteil aus. Oftmals sind Glaubenssätze mit „ich bin", „ du bist", „ich muss", „ich weiß" verbunden. Oder sie gleichen „Gesetzen".

- Ich bin es wert, liebevoll und respektvoll behandelt zu werden
- Ich bin gut so wie ich bin
- Ich bin einzigartig
- Ich bin wertvoll
- Ich kann alles erreichen
- Ich empfinde Dankbarkeit für mein Leben
- Es ist richtig das zu tun
- Ich bin gut in meinem Jog
- Menschen sind grundsätzlich hilfsbereit
- Ich nehme mein Glück selbst in die Hand
- Ich finde den perfekten Partner
- Ich führe glückliche Beziehungen
- Ich kann mich auf mein Umfeld verlassen
- Ich achte auf meinen Körper
- Ich bin kraftvoll und gesund
- Ich bin erfolgreich
- Geld öffnet mir Möglichkeiten
- Ich bin ein guter Mensch
- Ich bin ein Gewinner
- Das Leben ist leicht
- Du bist
- ...

ÜBER MICH

Meinen fachlichen Hintergrund bieten meine abgeschlossenen Studiengänge der Sozialpädagogik (FH) und Sozialwissenschaften (Univ.). Im Rahmen dieser Studiengänge habe ich viel theoretisches Wissen erlangt. Ein sehr wichtiger Teil war ebenfalls eine darin enthaltene Gesprächsführungsausbildung und praktische Erfahrung, die ich in der Arbeit mit Erwachsenen gesammelt habe.

Um diese Basis zu vervollständigen, habe ich in 2021 eine Ausbildung zum Mentalcoach bei Christian Huber (https://huber-mentalcoaching.com/ausbildung/) abgeschlossen. Inhalte dieser Ausbildung sind u.a. Befreiung von inneren Belastungen, Auflösung von Ängsten und Zweifeln, sich selbst zu erkennen, die Vergangenheit aufzuarbeiten und sein inneres Kind zu heilen.

Meine bisherigen Arbeitsfelder haben Schwerpunkte in Beratung, Personalbereich, Vertrieb, Marketing.

Die Arbeit an mir haben mir viel Klarheit über mich und die Anteile in mir gebracht. Das Wissen, wie ich mit diesen Anteilen arbeiten kann, haben mir eine völlig neue Möglichkeit gezeigt, Dinge anzugehen, zu erkennen was mir wichtig ist und wie ich dies erreichen kann.

Das möchte ich gerne an andere Menschen weitergeben.

Privat bin ich gerne in der Natur und bewege mich gerne. Außerdem bin ich gerne kreativ und im Austausch mit anderen Menschen.

KONTAKT

Sandra Schmitt
www.dieklaresicht.de
sandra.schmitt@dieklaresicht.de